我国滑雪运动的推广及产业发展研究

马越　著

中国海洋大学出版社
·青岛·

图书在版编目（CIP）数据

我国滑雪运动的推广及产业发展研究/马越著. —
青岛：中国海洋大学出版社，2021.7
ISBN 978 - 7 - 5670 - 2868 - 5

Ⅰ．①我…　Ⅱ．①马…　Ⅲ．①雪上运动－体育产业－
产业发展－研究－中国　Ⅳ．①G863.1

中国版本图书馆 CIP 数据核字（2021）第 138313 号

出版发行	中国海洋大学出版社		
社　　址	青岛市香港东路 23 号	邮政编码	266071
出 版 人	刘文菁		
网　　址	http：//pub. ouc. edu. cn		
电子邮箱	2586345806@qq. com		
订购电话	0532 - 82032573（传真）		
责任编辑	矫恒鹏	电　　话	0532 - 85902349
印　　制	青岛至德印刷包装有限公司		
版　　次	2023 年 3 月第 1 版		
印　　次	2023 年 3 月第 1 次印刷		
成品尺寸	170mm×240mm		
印　　张	6.75		
字　　数	117 千		
印　　数	1～1 000		
定　　价	59.00 元		

发现印装质量问题，请致电电话 0532-83645098 ，由印刷厂负责调换。

前　言

2013 年 11 月 3 日，随着中国奥林匹克委员会正式同意北京和张家口申办 2022 年冬季奥林匹克运动会，并以北京市名义向国际奥林匹克委员会提出申请，中国冬季运动项目的普及与发展也被提上日程。2015 年 7 月 31 日，在马来西亚吉隆坡举行的国际奥委会第 128 次全会上，国际奥林匹克委员会主席巴赫宣布中国北京获得 2022 年第 24 届冬季奥林匹克运动会主办权。申奥的成功，意味着发展冬季运动最好的时机已经到来。在冬季奥林匹克运动会的历史机遇下，国家主席习近平提出 3 亿人参与冰雪运动的宏伟愿景。这将会促使更多人去关注滑雪，热爱滑雪，滑雪人数将会空前暴增。

滑雪作为一项体育运动，不仅可以强身健体，更具有一定的刺激性、挑战性。滑雪产业从 1995 年开始在我国发展，目前已进入成熟壮大阶段。随着滑雪场建设数量的不断增加，滑雪人数的递增，滑雪不仅带动了项目自身所需设备及器具的发展，更带动了住宿、餐饮、建筑、交通等行业的发展。然而，据调查显示，我国现阶段滑雪产业的形式仍过于单一，在未来的发展道路上，要密切结合社会发展，形成多种形式共同发展的良好趋势。

本书首先介绍了滑雪运动的发展以及滑雪产业的发展，让读者对滑雪运动、滑雪产业有一个准确的认识；然后分析了冬季奥林匹克运动会对我国滑雪运动发展的启示，并分析了滑雪运动的文化迁移以及滑雪运动在校园中的普及；接着深入研究了我国滑雪运动的推广，并重点分析了新媒体背景下滑雪运动的推广传播；最后深入研究了我国滑雪产业的发展，并以黑龙江省为例，分析了滑雪产业发展的供给侧改革，除此之外，还就我国区域性滑雪产业的发展展开了深入探讨。

本书在编写过程中，借鉴和参考了国内外许多专家学者的最新研究成果，在此一并表示感谢。由于作者水平有限，错漏之处在所难免，恳请广大读者多提宝贵意见，以便本书的修改和完善。

作　者
2021 年 2 月

目　录

第一章 导 论

第一节 滑雪运动发展概述

一、滑雪运动概述

滑雪运动是借助于滑雪工具在雪地上滑行的运动项目，指的是一种人们呈站立姿态，手持滑雪杖、足踏滑雪板在雪面上滑行的运动。"立""板""雪""滑"是滑雪运动的关键要素。

以上概念规定了滑雪运动拥有四个要素，即站立的姿态、借助滑雪用具、在特定的环境参与和特有的技术动作。

根据滑雪运动的项目特点，参照 2014 年索契冬季奥林匹克运动会（以下简称冬奥会）滑雪项目设置，共有 6 个分项 49 个小项，分别是高山滑雪（10 小项）、越野滑雪（12 小项）、跳台滑雪（4 小项）、北欧两项（3 小项）、自由式滑雪（10 小项）以及单板滑雪（10 小项）。其中高山滑雪和越野滑雪的全部小项以及单板滑雪的平行项目属于竞速类项目，其他小项为技巧打分类项目。技巧打分类项目与竞速类项目相比难度更高，需要运动员有较高的技术动作水平，不适宜在普通大众中开展。在国际雪联网站上，除了以上项目，还列出速度滑雪、滑草、泰勒马克式滑雪等非奥运会项目。

根据滑雪运动的性质与功能，可将滑雪运动分为四类，分别是竞技滑雪、实用滑雪、大众滑雪和特殊滑雪。其中竞技滑雪和大众滑雪是现代滑雪运动最主要的两个部分。实用滑雪主要用于狩猎、通信联络和军事巡逻等。随着时代的发展，实用滑雪的功能日趋淡化。特殊滑雪只用于特定的场合中。大众滑雪与竞技滑雪有着密不可分的联系，竞技滑雪是大众滑雪专业性、精英性的体现，大众滑雪利于竞技滑雪的普及和发展。

二、滑雪运动的分类

滑雪运动及滑雪旅游产业的发展广度及竞技水平的高低，与当地的经济实力、自然条件、人们的生活状态相关，这是开展现代滑雪运动的基本要素。目前世界滑雪的布局可粗略划分为欧洲、北美洲、亚洲东部和澳洲这几个区域。欧洲是经济发达国家密集的地区，人们的生活质量水平高，阿尔卑斯山脉南北贯穿，海洋性的气候带来了充沛的雪量、适宜的气温，其中挪威被称为"滑雪的故乡"，奥地利被誉为"滑雪王国"，奥地利、瑞士 1/2～1/3 的国民都参加滑雪运动。人口不多，国度不大的挪威、芬兰，都是冬奥会运动强国，几乎每届冬奥会都有奖牌的收获。欧洲滑雪强国林立，有条件互相交流与借鉴，也促进了相互间的竞争，那里每个冬季都举行上百次滑雪比赛。滑雪开展项目优势的国家见表 1-1 所示。

表 1-1　滑雪运动开展较好的国家

项目	滑雪运动开展较好的国家
高山滑雪	奥地利、瑞士、法国、挪威、意大利、德国、美国等
越野滑雪	俄罗斯、挪威、瑞典、芬兰、意大利等
跳台滑雪	芬兰、挪威、德国、奥地利、日本等
北欧两项	挪威、德国、日本、芬兰等
自由式滑雪	美国、加拿大、法国、日本、澳大利亚、中国、芬兰、瑞士等
冬季两项	俄罗斯、德国、挪威等
雪橇项目	德国、意大利、奥地利、瑞士、美国、加拿大等
单板项目	美国、芬兰、法国、德国、奥地利、日本等

欧洲滑雪运动处于世界的领先地位。参加冬季奥运会的次数及所取得的奖牌数，可大致反映一个国家的滑雪实力与水平。参加冬奥会次数较多，参加的人数与项目较多，获得的奖牌数量较多的国家有挪威、芬兰、奥地利、俄罗斯、法国、瑞典、德国、意大利、美国等。

滑雪是一项综合性的运动项目，名目日趋繁多，以下就主要滑雪方式进行详细介绍。

（一）高山滑雪

高山滑雪起源于北欧的阿尔卑斯地区，故又称阿尔卑斯滑雪。高山滑雪是在越野滑雪的基础上逐步形成的。这是一种常见的竞技体育项目，分速降、回转、大回转、超级回转、两项全能、三项全能、单杆和平行等竞赛形式。比赛均在海拔 1000 米以上的高山举行，起点和终点的垂直高度为 800～1000 米。1921 年，英国举办的第一次阿尔卑斯山滑雪竞赛是最早的竞技性滑雪。可以说，竞技滑雪已有很长的发展历史。英国人阿诺德·伦恩为这项运动做出了卓越的贡献。1850年，挪威的泰勒马克郡出现改变方向和停止滑行的旋转动作。1868年，挪威滑雪运动奠基人诺德海姆等人在奥斯陆滑雪大会上表演了侧滑和S形快速降下。1890年，奥地利的茨达尔斯基发明适合阿尔卑斯山地区的短滑雪板及滑行技术，1905年他在维也纳南部的利林费尔德进行了高山滑雪史上第一次回转障碍降下表演。1907年，英国创立阿尔卑斯滑雪俱乐部，这是世界上第一个高山滑雪组织。1910年，奥地利的比尔格里上校创办了具有军事性质的高山滑雪学校，首次采用深蹲姿势持双杖快速下降、制动转弯的滑法。1921年，英国人伦恩在瑞士慕伦组织了高山滑雪史上的首次回转和速降比赛。1922年，奥地利的施奈德创办了高山滑雪学校。1931年举办了第一届世界高山滑雪锦标赛。1936年起高山滑雪被列为冬奥会比赛项目。高山滑雪的特点是运动员手持滑雪杖、脚踏滑雪板从高坡快速回转、降下。不同项目起点与终点的垂直高度差亦有不同：速降男子800～1100米，女子500～800米；回转男子180～220米，女子140～200米；大回转男子250～450米，女子250～400米；超大回转男子500～650米，女子400～600米。每个项目每个协会限报4人。比赛采用单人出发，顺序抽签排定。现在冬奥会设男、女全能（1936年列入）、速降（1948年列入）、回转（1948年列入）、大回转（1952年列入）和超大回转（1988年列入）。滑雪者在很宽的雪道上并排前行，先到达插有红旗的终点处的选手为冠军。在还使用木制的滑雪板和皮革雪靴的早期，制造商都争相为竞赛者生产出更好的滑雪装备，研制并生产了滑雪板、雪蜡和滑雪服装等滑雪用品，具有高技术含量的紧身衣和帽盔也经过实验后开发出来，用于高山滑雪。自从阿诺德·伦恩开创了竞技性滑雪之后，在很长一段时间内，很多人害怕竞技滑雪，因为速降滑雪变得过于技术化与专业化，也因此显得枯燥无味。阿诺德·伦恩自己也开始渐渐反感现代滑雪有太多人工的痕迹，认为山地滑雪运动发展的整体下滑与竞技比赛是有关系的。

（二）越野滑雪

越野滑雪起源于北欧，故又称北欧滑雪。据记载，1226年挪威内战时期，两名被称为"桦木腿"的侦察兵，怀藏两岁的国王哈康四世，滑雪翻越高山，摆脱了敌人。现在挪威每年都会举行越野马拉松滑雪赛，距离35英里（1英里＝1.609千米），与当年侦察兵所滑路程相同。越野滑雪需要配备专用的、较长的、带有金属边的滑雪板，才能使滑雪者手持雪杖，从一个地方滑到另一个地方，穿行于茫茫雪原。这是一项古老的冬季运动，在挪威境内北极圈附近，曾发现4000年以前的一块石刻，上面刻有两人滑雪的图形。15—17世纪，芬兰、挪威、瑞典、波兰和俄国军队在战争中都是靠滑雪行军。1924年在法国沙莫尼举办的第一届冬季奥运会上，越野滑雪已被列为正式比赛项目。现代越野滑雪比赛共分两大类：一是传统技术各种距离项目的比赛；二是自由技术各种距离项目的比赛。1980年，芬兰越野滑雪运动员在第13届冬奥会上使用了一种类似于速度滑冰选手的蹬冰步法，取得了非常好的效果。由于这种蹬动方法可以省去在比赛中非常复杂的打防滑蜡的工作，因而受到各国广大运动员和教练员的欢迎，立刻风靡雪坛，后来被称为"蹬冰步滑行"。但这种步法技术规格不统一，为此国际雪联做出决议，把这种属于向侧方蹬动的步法统称为"自由技术"，并把过去一直沿用的向后蹬撑的步法统称为"传统技术"。此后，凡在国际越野滑雪比赛中，都设有这两种技术的比赛项目。越野滑雪比赛路线分上坡、下坡、平地，各占全程的1/3。单项比赛出发时，每次1人，间隔30秒，顺序由抽签决定，以到达终点的时间确定名次。接力项目比赛时，集体出发，道次由抽签决定，以每队队员滑完全程的时间之和计算成绩和名次。越野滑雪现设男子10公里（1992年列入）、15公里（1924年列入）、30公里（1956年列入）、50公里（1924年列入）、4×10公里接力（1936年列入），女子5公里（1964年列入）、10公里（1952年列入）、15公里（1984年列入）、30公里（1992年列入）、4×5公里接力（1956年列入）。

（三）北欧两项

北欧两项起源于北欧，由越野滑雪和跳台滑雪组成，在挪威、瑞典两国流传了很长时间，成为北欧的传统项目，故又称北欧全能。1883年霍尔门科伦滑雪大奖赛将其列入比赛项目，20世纪初开始向世界推广。1924年被列为首届冬季奥运会比赛项目，但在1984年以前只设个人赛，1988年起增设团体赛，仅有男子项目。比赛按跳台滑雪、越野滑雪的顺序进行。跳台滑雪初为70米级，1992年改为90米级；越野滑雪原为18公里，1956年起改为15公里。确定名次的方法原来根据单项成绩换算成得分，得分高者名次列前；1992年冬奥会对原计分方法进行了修改：个人赛第一天进行跳台滑雪，每人跳两次，以姿势分和距离分计算总成绩。姿势分由5位裁判根据运动员完成动作的准确性、完美性、稳定性以及整体稳定性打分，去掉最高分和最低分后，将剩下的3个分数相加，最高分为60分。距离分要根据K点距离确定每米分值，运动员的跳跃距离达到K点距离为60分；短于K点距离，将所短距离乘以每米分值，再从60分中减去；超过K点距离，将所超距离乘以每米分值，然后加上60分。

两次比赛的姿势分与距离分之和为运动员的总分，得分多者名次列前。第二天进行越野滑雪，跳台滑雪成绩最好的运动员第一个出发，其他运动员要根据跳台滑雪与第一名运动员的得分差换算成时间差，依次间隔出发，最后以运动员到达终点的顺序排列名次。团体赛跳台滑雪各队 4 名运动员依次出发，得分方法同个人赛。越野滑雪时，跳台滑雪成绩最好的队首先出发，其他队要根据与跳台滑雪成绩最好的队的得分差换算成的时间差，依次间隔出发，各队的第二、第三、第四名运动员在接力交换区出发，以第四名运动员到达终点的顺序排定名次。北欧两项 1988 年起成为冬奥会比赛项目。

（四）自由式滑雪

自由式滑雪始于 20 世纪 60 年代，是在高山滑雪的基础上发展而成的。1971 年在美国新罕布什尔州举行了世界上第一次自由式滑雪比赛。1975 年起举办自由式滑雪世界杯。1986 年在法国阿尔卑斯山的蒂恩镇举行了首届自由式滑雪锦标赛。1992 年起被列为冬奥会比赛项目，设男、女空中技巧（1994 年列入）和男、女雪上技巧（1992 年列入）。男、女雪上芭蕾于 1988、1992 年被列为冬奥会表演项目。

1. 空中技巧

空中技巧始于 20 世初。1928 年，美国卡尔顿成为世界上第一个穿着滑雪板完成雪上空翻动作的运动员。1958 年瑞士滑雪教练费尤雷尔在滑跳中完成空翻和转体动作。空中技巧运动员使用的滑雪板，男子不短于 1.90 米，女子不短于 1.80 米。场地由出发区、助滑坡、过渡区一、跳台、过渡区二、着陆坡和终点区组成。比赛时每名运动员试跳两次。裁判员根据运动员完成动作的质量评定空中动作分和着陆动作分，两者相加再乘以动作难度系数，即为一次试跳的得分，两次试跳得分相加，得分多者名次列前。

2. 雪上技巧

在设置一系列雪包的陡坡线路上进行回旋动作、空中动作以及滑降速度的比赛，包括单人雪上技巧和双人雪上技巧。雪上技巧场地长 200～270 米，宽 15～25 米，坡度为 24～32 度。运动员使用的滑雪板，男子不短于 1.90 米，女子不短于 1.80 米。以回转动作和空中动作质量分以及计时成绩分相加评定名次，得分多者名次列前。

3. 雪上芭蕾

1926 年，德国高山滑雪运动员罗伊埃尔出版了世界上第一部有关雪上芭蕾的书——《滑雪板上的新潜力》。1966 年，美国著名高山滑雪运动员和理论家菲法尔成立世界上第一所雪上芭蕾学校，雪上芭蕾场地长200～240米，宽35～45米，坡度为12～15度，滑雪板不得短于运动员个人身高的81%。裁判员根据运动员完成动作的情况评定技术分和艺术效果分，以技术分和艺术效果分的总和判定名次，得分多者名次列前。

（五）跳台滑雪

跳台滑雪起源于挪威，又称跳雪。1860年，挪威德拉门地区的两位农民在奥斯陆举行的首届全国滑雪比赛上表演了跳台飞跃动作，后逐渐成为一个独立项目并得到广泛开展。1879年在奥斯陆举行了首届跳台滑雪比赛。1883年霍尔门科伦滑雪大奖赛将跳台滑雪列入比赛项目。19世纪末，先后传入瑞典、瑞士、美国、法国、意大利和波兰等国家。初期的跳台滑雪利用山坡等自然地形进行，19世纪80年代开始出现土木结构的跳台。随着空中滑翔技术的提高，新的跳台设计也不断出现，1926年瑞士在格劳宾登州的蓬特雷西纳建成60米级跳台，1927年又在圣莫里茨建成70米级跳台。1925年举办了第一届跳台滑雪世界锦标赛。跳台滑雪的跳台由助滑坡、着陆坡、停止区组成。比赛时每个国家单项限报4人，团体限报一支队4名运动员。比赛以姿势分和距离分计算总成绩。姿势分由5位裁判根据运动员完成动作的准确性、完美性、稳定性以及整体稳定性打分，去掉最高分和最低分后，将剩下的3个分数相加，最高分为60分。距离分要根据K点距离确定每米分值，运动员的跳跃距离达到K点距离为60分；短于K点距离，将所短距离乘以每米分值，再从60分中减去；超过K点距离，将所超距离乘以每米分值，然后加上60分。两次比赛的姿势分与距离分之和为运动员的总分，得分多者名次列前。团体赛以各队4名运动员两次比赛所得分相加，得分多者名次列前。跳台滑雪被列为1924年首届冬奥会比赛项目，现设90米级（原为70米级）、120米级（原为90米级）和团体3个男子项目。

（六）雪橇

雪橇指的是乘坐不装设舵板的木质雪橇沿专设的冰雪线路滑降的一项冬季运动。冬奥会比赛项目雪橇称为"luge"，即指原来的无舵雪橇，又名运动雪橇。

1. 无舵雪橇

无舵雪橇也称"运动雪橇"或"单雪橇"，是雪橇运动项目之一。一种乘坐（卧）在雪橇上，通过变换身体姿势来操纵雪橇高速回转滑降的运动。雪橇全长为70～140厘米，宽为34～38厘米，高为8～20厘米。雪橇为木制，底面有一对平行的金属滑板，宽不超过45厘米。雪橇前部没有舵板，后部也没有制动闸。滑板上部为支架。滑板前面的翘起部分可有一定柔软性，以利转弯，但不准装置能操纵滑板的舵和制动器。单座重量不准超过 20 千克，双座不准超过 22 千克。比赛分男子单座、男子双座、女子单座三项。比赛时运动员坐在雪橇上，双手借助起点助栏用力向后推，使雪橇向前起动，滑行中仰卧在雪橇上，单手拉住雪橇皮带利用身体起卧，变换肩、腿姿势操纵雪橇，使之沿着冰道快速滑降。到达终点时，运动员须坐在雪橇上，否则不予计算成绩。雪橇分为单座滑和双座滑，单座滑 4 次，赛期为两天；双座滑 2 次，赛期为一天，均以时间少者为胜。成绩相等时，以各次滑降中成绩最好者为胜。出发顺序由抽签决定。

1957 年国际无舵雪橇联合会正式成立，决定从第 9 届冬奥会开始进行无舵雪橇比赛，在非冬奥会年份，每年都会举行世界锦标赛、欧洲锦标赛及各种杯赛。无舵雪橇有男子单人、双人及女子单人 3 个比赛项目。1964 年在第 9 届冬季奥运会中被列为正式比赛项目。无舵雪橇滑道——无舵雪橇比赛设施，以混凝土或木材为基础砌成槽状的滑道，道宽 1.30～1.50 米，滑道两侧的护墙均需浇冰。比赛线路长度男子1000～1400米，女子 800～1200 米。全程设 11～18 个弯道，弯道的半径为 8 米。滑道的平均坡度男女相同，为 4°～10°，起点与终点的高度差为 70～130 米。

2. 雪车

冬奥会比赛项目雪车，即指原来的有舵雪橇与平底雪橇项目。原来的国际有舵雪橇与平底雪橇联合会，现称为国际雪车联合会。以下沿用雪橇旧称介绍。有舵雪橇也称"长雪橇"，为雪橇运动项目之一，是一种集体乘坐雪橇，利用舵和方向盘控制雪橇在人工冰道上滑行的运动。1924 年在第 1 届冬季奥运会中被列为正式比赛项目。雪橇用金属制成，形如小舟，橇首覆有流线型罩。橇底前部是一对舵板，上与方向盘相接，橇底后部为一对固定平行滑板，橇尾装有制动器。

1883 年英国人把平底雪橇装上了橇板，第二年举行了公开比赛，吸引了许多人参加。1890 年，爱好者们又制成装有金属舵板和制动闸的雪橇，称有舵雪橇。1898 年 1 月在克雷斯特朗又有 4 人座有舵雪橇问世。克雷斯特朗的滑道是自然雪道，因雪橇下滑速度不断增大，常常发生出辙、翻车等事故，因此人们逐渐想出在陡坡上多修转弯道的办法，以求减速，并把雪道表面冻成冰面，雪道两侧加护墙。在这样的雪道上滑降，平均时速可达 90～100 公里，最高可达 120 公里。1903 年第一条人工有舵雪橇线路在圣莫里茨建成。最初的雪橇乘员为 5 人，其中男子 3 人，女子 2 人，到 20 世纪初规则规定只允许男子参加，乘员人数由 5 人减到 4 人。

国际有舵雪橇和平底雪橇联合会成立于 1923 年 11 月。初期还包括无舵雪橇运动，直至 1957 年无舵雪橇运动才单独分出，另成立国际无舵雪橇联合会。

比赛规则规定：2 人座有舵雪橇长不得超过 2.70 米，宽 0.67 米，滑橇板宽度 8 毫米；4 人座有舵雪橇最长 3.80 米，宽 0.67 米，滑橇板最小宽度为 12 毫米。2 人座有舵雪橇比赛时，总重量不得超过 375 千克，4 人座有舵雪橇总重量不得超过 630 千克，不足重量可携带其他加重物补足。滑道全长 1500 米，平均坡度为 4°30′，最大坡度为 8°30′。弯道部分的半径必须在 20 米以上，滑道的护墙最少不得低于 50 厘米。比赛分 2 人座和 4 人座两项。每赛次滑行 4 次，以 4 次比赛的累计时间计算成绩，时间少者名次列前。遇两队时间总和相等时，以任何一次最少时间的队为胜。

赛期两天，每天进行两次。首轮出发顺序由抽签决定。从第二轮起，出发顺序由前一轮的最后一名运动员先出发，接着顺次下排。出发前，雪橇距起点线 15 米，出发信号发出后，均由运动员在起点处手推雪橇奔跑起动，然后跃入座位，前座的运动员掌舵，最后座的运动员负责制动。到达终点时运动员均须在座位上，否则成绩无效。有舵雪橇起源于瑞士，是由无舵雪橇发展而成。

有舵雪橇服装、运动员穿戴用具包括比赛服、护肩、护肘、头盔和专用钉靴。靴钉为刷型并均匀分布于靴底。靴钉的长度不超过 14 毫米，间隔不超过 3 厘米。

有舵雪橇的滑道和比赛设施是用混凝土或木材建造的具有一定坡度的凹型滑道，宽 1.40 米，两侧为护墙。护墙的内侧高 1.40 米，外侧高 2~7 米。滑道及两侧的护墙均需浇冰。比赛线路长度为 1300~2000 米，全程设有 15~20 个弯道，弯道的半径不得小于 20 米。滑道的平均坡度为 4°~8°，起点与终点的高度差为 100~150 米。

（七）高空滑雪

高空滑雪指的是乘直升机到达雪坡顶后再滑雪下来的一种滑雪方式。20 世纪 80 年代中期，乘坐直升机到山顶进行高空滑雪是高端人士的娱乐活动。直升机把滑雪者送到场地质量最好，通常也是最远的雪地，远离拥挤的人群，去体验深雪的刺激。而 20 世纪 90 年代早期发明了"胖男孩"滑雪板之后，便有更多的滑雪者尝试高空滑雪。虽然这种滑雪方式正在逐步普及，但欧洲的环境保护政策不允许这种滑雪方式，因为这会导致很大的噪声。在法国和瑞士的大多数地区以及澳大利亚，这种方式已被禁止。在北美，特别是加拿大，由于国土面积很大，环境压力相对较小，不列颠

哥伦比亚省以它一流的高空滑雪闻名于世。美国的大多数滑雪度假地面积
比加拿大的要小些，不能像加拿大那样拥有乘坐直升机到山顶的高空滑雪
场地。内华达州的鲁迪据称拥有美国第一流的高空滑雪场地。此外，喜马
拉雅山是最能让全世界高空滑雪爱好者兴奋的场所，但是它令人振奋的因
素——遥远、辽阔、荒野、雄伟，也一直是阻碍其发展的限制因素。在乘
坐直升机到山顶的高空滑雪方面，加拿大所拥有的场地数量是其他国家都
无法与之相比的。

（八）单板滑雪

单板滑雪即双脚固定在同一块较宽的滑雪板上从雪坡上滑降的运动，
源于20世纪60年代中期的美国，其产生与冲浪运动有关。1998年举办
了第1届世界锦标赛，1998年被列入第18届冬奥会正式比赛项目，设
男、女大回转和滑道技巧比赛项目。

1. 大回转

大回转的场地长936米，平均坡度18.21°，坡高290米。大回转用靴
与滑雪靴相似，但更有弹性。滑板坚硬、狭窄，以利于转向和高速滑行。
大回转以滑行速度评定名次，主要技术动作有左右回转。

2. 滑道技巧

滑道技巧的场地为U形滑道，长120米，宽15米，深3.5米，平均
坡度18°。滑道技巧的滑板稍软，较宽，靴底较厚。比赛时运动员在U形
滑道内边滑行边利用滑道做各种旋转和跳跃动作，裁判员根据完成的动作
难度和效果评分。滑道技巧的主要动作有跃起抓板、跃起非抓板、倒立、
跃起倒立、旋转等。

单板滑雪对滑雪旅游产业影响最大，是美国最大规模的体育运动，并
已在欧洲普及。全世界至少有400万单板滑雪者。美国的国家滑雪协会
（SIA）在发展单板滑雪方面持非常谨慎的态度。美国有200万的单板滑
雪者，500万的越野滑雪者和1000万的高山滑雪者，因此，在美国的很
多滑雪度假地，单板滑雪意味着有20％的门票收入，在未来的五年里将
上升到30％。据有关机构的统计资料显示，美国人到滑雪目的地从事单
板滑雪的比例在1996年至1997年间为27.10％，而1995年至1996年只
为15.90％，1994年至1995年只为8.79％。1997年至1998年，单板滑
雪的增长速度开始放慢。有数据表明，全美29％的速降滑雪者为单板滑
雪者。据有关调查机构指出，总体上，很多滑雪度假地不愿意把体育活动
作为提高贸易和收入的途径。美国新墨西哥州、犹他州等地仍然禁止单板
滑雪。日本75％的滑雪度假地也禁止单板滑雪，但颇具讽刺意味的是，

在日本长野举办的第18届冬季奥运会上，单板滑雪却被列为比赛项目之一。与北美比较起来，欧洲单板滑雪的增长速度较慢，在法国只占9％的比例。

单板滑雪的繁荣在年轻人中引起很大的反响，使得滑雪业开始重新审视它在市场上的位置。滑雪难以普及的原因之一是它对技术的要求较高。除非从小就学，否则对于大多数滑雪者来说，利用假期的时间学习掌握过陡坡、快跑、撞击等滑雪技巧几乎是不可能的。因此很多滑雪者放弃了传统滑雪，转学单板滑雪，一个星期内就可以掌握。北美有60％的单板滑雪者是从传统滑雪转过来的。

冬季体育产业的增长及其刺激物主要来源于单板滑雪，而不是传统滑雪。单板滑雪者的比例将会越来越高于传统滑雪者的比例。一些业内人士预测，未来的几年内，单板滑雪将占到冬季体育度假市场1/3的份额。考虑到年龄的因素，单板滑雪将会成为潮流，而传统滑雪将会逐渐被人忘记。单板滑雪已成为冬季奥运会的竞赛项目之一，这大大刺激了青年学生。英国单板滑雪协会（BSA）曾在全英范围内向6500所中学分发了16页的相关介绍资料。目前，BSA有2300名会员，其中40％的会员年龄在20岁以下。

面对单板滑雪势不可当的增长趋势，很多滑雪度假地开始关注单板滑雪者的需求。欧洲业内人士普遍认为，可以把单板滑雪和传统滑雪这两种类型在同一雪道上结合起来。现在只有少数人认为单板滑雪必须在专门的山地或滑雪道上进行。有这种歧视性看法的滑雪度假地大部分是在北美，但是为了吸引家庭消费，滑雪度假地的管理者也开始转变态度。大多数欧洲的滑雪度假地，如法国、瑞士和奥地利正在千方百计地吸引喜欢单板滑雪且有小孩的家庭，为他们修建了专门的单板滑雪公园。

三、我国滑雪运动的发展历史与文化传承

（一）我国滑雪运动的发展历史

1. 我国滑雪运动的起源

（1）我国滑雪运动起源地——新疆阿勒泰（考古鉴定）

2005年，阿勒泰市汗德尕特蒙古族乡墩德布拉克河上游沟谷中发现4座岩棚，内壁刻有岩画，多为狩猎场面，其中有一幅经滑雪专家鉴定，画面所表现的是一组脚踏滑雪板、手持单杆滑雪的狩猎人，其年代可上溯距今1～3万年的当地"旧石器时代晚期"。这是一次可喜的考古发现，因为它把人类滑雪起源的历史又向前推进了4000年左右，为了纪念阿勒泰地

区这一史实，延续我国最早的滑雪文化，在中国滑雪协会单兆鉴倡导下，每年1月16日在阿勒泰地区举行"新疆阿勒泰古老皮毛滑雪比赛"活动。

（2）我国滑雪运动起源地——东北地区（文献记述）

我国滑雪起源地最早的记载是我国的东北。唐朝初期的李大师、李延寿父子撰写的《北史》及魏征、颜师古等撰写的《隋书》都对今蒙古族远祖室韦人的一支北室韦人进行了记述。《隋书·室韦传》载："北室韦……气候最寒，雪深没马……饶獐鹿，射猎为务……地多积雪，惧陷坑阱，骑木而行。"东北大部虽然自唐代始农业已经占了绝对主导地位，但位于长白山及小兴安岭的一些民族和部族至改革开放前仍保持着以传统的狩猎为主的生产方式，所以唐以后的文献中对东北诸民族滑雪运动，特别是滑雪狩猎的记述颇多。特别值得一提的是，清初乾隆皇帝敕绘、乾隆年间武英殿版本的《皇清职贡图》一书印制了一幅可能为当今世界上可见最早的滑雪狩猎绘图，记绘的是一位今黑龙江、松花江、乌苏里江交汇处居住的赫哲人的祖先滑雪用弓箭射杀野兔的场景。现今最权威的记述可分别见凌纯声先生的《松花江下游的赫哲族》、秋浦先生的《鄂伦春人》和吕光天先生的《鄂温克族》等著述。

2. 近代滑雪运动的传入

1840年第一次鸦片战争的爆发彻底地敲开了我国闭关锁国的大门，从此我国逐步沦为半殖民地半封建社会。这时我国的东北地区被沙俄侵占，也就是在这个时期滑雪运动渐渐传入中国。开始是俄国人在某些地区开展滑雪活动，后来成为国内一些有身份、有地位的贵族尝试的一种新鲜事物，普通老百姓也只能是看看。1905年，日俄为了争夺中国辽东半岛和朝鲜半岛的控制权，在中国的东北发动战争，俄国战败后俄籍人员因受日本的侵扰而大量撤回俄国，此时，在俄国国内开始对犹太人进行迫害，致使许多俄籍犹太人定居哈尔滨，留下滑雪运动的"种子"。

3. 滑雪运动在解放战争时期的运用

滑雪运动在解放战争时期也有运用，这在曲波先生创作的小说《林海雪原》中有详细的描述：1946年冬，解放战争节节胜利。在东北战场，一些被击溃的国民党反动派残余势力逃窜到黑龙江省张广才岭和吉林长白山一带，对当地的老百姓进行烧杀掠夺，破坏土地改革运动，勾结当地土匪，准备年关暴动。解放军为了彻底消灭这帮匪徒，于是组织了一支骁勇善战的小分队进入深山密林开展对敌斗争。深山风雪路，雪深没人膝，持木而探行，一日十几里，环境极其险峻、恶劣。小分队为了按时完成任务，运用了当时苏联特种兵的滑雪技术，经过训练迅速到达匪穴，敌人猝不及防，节节败退。1960年，导演刘沛然将小说《林海雪原》改编成电影，不仅使爱国主义教育得到传播，同时滑雪运动也被崇尚英雄主义的爱国知识青年推崇，并开始真正大规模风行于我国有滑雪条件的地区。

4. 近代滑雪的开始

1957年，吉林省通化市举行了全国第一次滑雪比赛，标志我国近代滑雪的开始。吉林省通化市是我国滑雪运动开展最早的地区之一，这里曾经诞生了我国第一支专业滑雪队伍——通化市滑雪队（1954年组建）、第一个全国滑雪冠军——单兆鉴（1957年）、第一个滑雪场——通化金厂滑雪场（始建于1959年）。滑雪运动开始由工具性、区域性和实用性向竞技性和观赏性发展。

5. 现代滑雪运动的兴起

1996年，在黑龙江省亚布力滑雪场成功举办的第三届亚洲冬季运动会，标志着我国现代滑雪运动的兴起；1998年，黑龙江省成功地举办了中国第一届国际滑雪节，首届滑雪节创立了三个第一，即中国第一个国际性滑雪节、第一个滑雪旅游专业委员会、第一个滑雪俱乐部。1999年，正式对外开放了当时国内规模最大、功能最齐全的室外休闲娱乐滑雪场——宾县龙珠二龙山滑雪场，这在我国是第一次将滑雪运动由竞技性向娱乐性转变，同时为我国滑雪运动大众化、产业化发展奠定了基础。自2003年开始，长春举办一年一度的瓦萨国际滑雪节，迄今为止已经成功举办了15届，我国是继瑞典、美国和日本之后第四个举办瓦萨滑雪赛的国家。

我国滑雪运动的发展历程和人类文明历史息息相关，经历了远古滑雪阶段、近代滑雪阶段和现代滑雪阶段，也经历了雪地交通工具阶段、滑雪竞技运动阶段和滑雪旅游阶段（表1-2），开始由工具性和实用性向竞技性和娱乐性发展，由区域向全国辐射发展，由微众向大众发展，由单一向跨界融合发展。

表1-2　中国滑雪运动发展历程

阶段	时间	标志性事件
雪地交通工具阶段	1万年前	滑雪的诞生（中国阿勒泰市汗德尕特蒙古族乡）
	20世纪初叶	近代滑雪运动传入（经俄国与日本传入中国）

续表

阶段	时间	标志性事件
滑雪竞技运动阶段	1957 年	近代滑雪运动的开始（中国第一次全国滑雪比赛）
	1959 年	吉林市首届全国冬季运动会（滑雪项目）
	1996 年	现代滑雪运动的兴起（中国举办第 3 届亚洲冬季运动会）
滑雪旅游阶段	1998 年	滑雪走向大众（黑龙江省举办中国第 1 届国际滑雪节）
	1999 年	滑雪旅游快速发展（宾县龙珠二龙山滑雪场对外开放）
	2016 年至今	滑雪产业跨界融合发展（特色小镇建设）

（二）我国滑雪运动文化的发展与传承

1. 物质方面

（1）增加滑雪场地数量和滑雪人次

《2019 年度中国滑雪产业白皮书》数据显示："2019 年，国内滑雪场新增 28 家，包括 5 家室内滑雪场，总数达到 770 家，增幅 3.77%。新增 28 家雪场中，有 5 家建设有架空索道，另有 1 家已开业雪场新建架空索道。截至 2019 年年底，全国 770 家雪场中，有架空索道的雪场达到 155 家，相比 2018 年的 149 家增长 4.03%。"国内滑雪场主要分布于全国 28 个省、自治区、直辖市，排名前十的省份分别是黑龙江、山东、新疆、河北、山西、吉林、河南、内蒙古、辽宁、陕西。其中黑龙江省共建滑雪场 124 家，为全国最多。湖北和新疆在 2019 年分别新增滑雪场 5 家，增幅并列为全国第一。数据还显示："2019 年国内滑雪场的滑雪人次由 2018 年全年的 1970 万，上升都 2019 年的 2090 万，同比增幅为 6.09%。滑雪者人数约为 1305 万，相比 2018 年的 1320 万略有下浮。其中，一次性体验者人数占比由 2018 年的 75.38%下降为 72.04%，滑雪爱好者比例有所上升。2019 年，滑雪者在国内滑雪场的人均滑雪次数由 2018 年的 1.49 次上升为 1.60 次。"

从 1996—2019 年，我国滑雪场的数量从最初的 11 家发展到 770 家，滑雪总人次上升为 2090 万。尽管如此，我国与北欧、北美、俄罗斯、日本、韩国等滑雪运动强国相比仍存在很大差距，仍然是全球最大的初级滑雪市场水平，主要表现在：第一，我国人口基数大，相对滑雪人口数量较少；第二，滑雪场地规模参差不齐，等级 555 级以上的屈指可数，大多数雪道面积处于 5 公顷以下；第三，消费者旅游体验型多，城郊学习型少，目的地度假型凤毛麟角。

（2）开发雪上运动项目

国际上的滑雪强国是以一个国家的滑雪运动人口数量与其总人口数量的相对值为标志，而不是以冬奥会金牌数为度量衡。据统计，截至 2019 年底我国滑雪者人数约为 2090 万，相对我国 13.95 亿人口，相当于 100 个人中有不到 2 个人参与过滑雪，这说明在我国滑雪运动的群众基础依然较为薄弱，潜在滑雪人口数量需要挖掘，雪上运动项目还需要不断丰富。应以绿色、开放、包容的理念，舒适、变化、个性的服务，促进滑雪运动项目与旅游、文化、民俗相融合，广泛开展冰雪那达慕、雪地足球、高原滑雪、趣味滑冰、雪地橄榄球、雪地风筝、雪地摩托、雪圈、雪爬犁等活动，根据不同区域的地域特色打造滑雪体育特色小镇，让更多的人认识滑雪运动、参与滑雪运动、热爱滑雪运动，使滑雪运动项目在我国生根发芽，茁壮发展。

（3）提升滑雪场硬件设施的自主品牌

滑雪场硬件设施主要包括上行设施（架空索道、魔毯）、场地设施（造雪机、压雪机、雪地摩托车）、租赁设施（滑雪板、滑雪鞋、滑雪服、雪杖、手套、帽子、护具、雪镜）等。《2021－2022 中国滑雪产业白皮书》显示，截止至 2022 年 4 月 30 日，国内滑雪场中建成并投入使用的架空索道总数为 299 条，分布于全国 21 个省份的 163 家雪场中。近年来进口脱挂缆车比例有所下降，但仍是国产的 2 倍多。总的来说，国内滑雪用品制造业的发展仍然滞后于滑雪产业的发展。所以，我们要发展滑雪文化，就要走自主研发的道路，要不断提升自身的技术水平和创新能力，开发高质量的滑雪产品，提供完善的滑雪产品服务。

2. 文化方面

（1）普及滑雪运动知识

第一，发展校园冰雪运动。开展"百万青少年上冰雪"活动，在高校和中小学冬季开设冰雪课程的同时，通过冰雪体育比赛丰富青少年课外体育活动内容，磨砺意志品质，增强身体素质。2017 年 3 月人民教育出版社出版的《中小学校园冰雪运动》丛书，系统地规划设计和编写了从小学到高中的主要冰雪教学内容，还可以通过扫描二维码、音频、视频等满足个性化的需求，先在部分省市以试点的形式开展，然后在全国中小学校推广。幼儿冰雪活动还没有涉猎到本书中，只是以绘本读物、动画、电影等视觉信息形式展现给幼儿园的孩子们。

第二，加强滑雪竞技体育后备人才培养。充分挖掘体育院校教学资源，增设滑雪运动专业；加快完善青少年滑雪运动后备人才培养体制和机制；有条件的省市可以将滑雪项目列入初中生体育考试项目之中。

第三，开展滑雪运动知识培训。冰雪运动管理中心、体育院校、滑雪协会组织开展滑雪指导员培训工作，通过理论学习和技能练习，培养一批具有一定滑雪技能和理论水平的社会体育指导员，向人们传授和指导滑雪知识。

第四，建设滑雪运动文化馆。在冰雪特色小镇建设滑雪运动文化馆，设立我国滑雪运动的起源、从远古时期到当代发展的历史演变、滑雪器材的演变、滑雪运动的种类、与滑雪运动有关的历史人物介绍以及现代滑雪运动员简介等模块。

（2）加强国际间的滑雪运动交流与合作

改革开放以来，我国经济迅速发展，在开展滑雪运动方面，积极寻求与国外的合作，向国外学习经验，在引进人才和技术方面取得了一定的成效。2017年4月4日，国家主席习近平应邀对芬兰进行国事访问，在冬季运动领域方面中芬双方均希望加强交流合作，签署了滑雪项目合作备忘录，芬兰滑雪学院为中国越野滑雪队提供训练和支持，中国从芬兰引进的囤雪和修建雪洞两项技术已经落地；2018年1月22日，芬兰拉赫蒂市冰雪、经贸项目合作代表团到黑龙江省大庆市考察，对大庆市体育场馆规模、使用现状以及承办赛事、群体性活动、教育衔接等方面给予了肯定，并与大庆飞翔滑雪板制造有限公司达成了合作意向，推动了大庆市越野滑雪运动的发展。

（3）举办国际知名的滑雪赛事

我国先后举办了几次具有代表性的滑雪体育赛事。1996年，在黑龙江省亚布力滑雪场成功举办了第3届亚洲冬季运动会；2009年第24届世界大学生冬运会在哈尔滨举办，这是我国历史上首次举办的规模最大、人数最多、水平最高的世界综合性冬季运动会；2015年7月31日，国际奥组委宣布北京2022年冬奥会申办成功，北京成为历史上第一个既举办过夏奥会又将举办冬奥会的城市。体育赛事无疑对我国群众冰雪运动与冰雪产业的开展和普及大有裨益，激发人民群众参与滑雪的热情，更多普通人开始认识和了解了滑雪运动的魅力与乐趣，促进滑雪消费需求不断增加，推动了全民健身运动的全面开展，使群众体育文化有了更加充实的内容，使滑雪运动更具有娱乐性。

（4）组织开展丰富多彩的滑雪文化节

为纪念率领瑞典人推翻丹麦统治的古斯塔夫·瓦萨，瑞典于1922年创立了全程90公里的滑雪比赛，并以国王"瓦萨"的名字命名。在我国，为了纪念阿勒泰地区考古发现滑雪岩画这一史实，延续我国最早的滑雪文化，新疆阿勒泰市政府确立 1 月 16 日为人类滑雪起源地纪念日，并举行了"新疆阿勒泰古老皮毛滑雪比赛"活动，迄今已经开展十二届。还有驰名中外的中国·哈尔滨国际冰雪节、太阳岛国际雪雕艺术博览会等。建议在华北广袤的地域挖掘出更多有冰雪文化纪念意义的地区，组织开展丰富多彩的滑雪文化节活动，让更多的人参与到滑雪运动中来。

3. 制度方面

（1）加大政府支持力度

2016 年末《冰雪运动发展规划（2016—2025 年）》《全国冰雪场地设施建设规划（2016—2022 年）》《大众冬季运动推广普及计划（2016—2020 年）》（以下简称《计划》）相继出台，旨在大力发展群众冰雪运动，推动冬季群众体育运动开展，夯实冬季运动群众基础，传播积极健康的生活方式，引领全民健身新时尚，实现"三亿人参与冰雪运动"的目标，使我国滑雪运动从微众、小众向大众、普众方向发展。

（2）建立健全法治机制

滑雪运动在一定程度上还被人们视为危险运动之一，还不能完全被人们认可。为了营造良好的运动环境，建立健全我国滑雪运动法律尤为必要。在国外滑雪运动发展过程中，相关的法律法规机制起到了重要的保障和推动作用。1979 年，美国科罗拉多州颁布的《滑雪安全法案》对滑雪运动的蓬勃发展起到了关键性作用。从这个角度来讲，我国急需构建一套科学的法律制度保障体系。

（3）规范滑雪场地运营和服务配套水平

近年来，我国滑雪场地安全事故屡见不鲜，滑雪场应该加强对滑雪场安全的管理和安全投入，树立滑雪场安全经营理念，建立完善的滑雪场安全设施标准。此外，在滑雪场的设计、运营以及配套设施服务方面，应该进行创新，提升滑雪场的服务性、娱乐性水平，营造良好的消费环境。同时，还要进一步规范滑雪场周边住宿、餐饮、休闲、度假等一系列相关的配套设施和收费标准。

我国是世界公认的滑雪文化起源地，发扬我国滑雪运动文化，坚持我国滑雪运动的"文化自信"。虽然我国接触现代滑雪运动较晚，人们对于滑雪文化的认同、理解和接受程度较缓慢，但要客观地看待我们的优势和不足。从物质、文化、制度三个方面加强我国滑雪运动的文化建设，通过增加滑雪场地数量和滑雪人次、开发雪上运动项目、提升滑雪场硬件设施的自主品牌；普及滑雪运动知识，举办国际知名的滑雪赛事，组织开展丰富多彩的滑雪文化节；加大政府支持力度，建立健全法治机制，规范滑雪场地运营和服务配套水平，不断增加我国滑雪人口数量，提升冰雪运动的软实力，展现冰雪运动的"人文"特性。

第二节 滑雪产业发展概述

一、滑雪产业的界定

世界工业组织《2001 年中国滑雪产业论坛》发表的报告中，使用了滑雪业和滑雪产业这两个概念，前者指"为滑雪者直接提供产品和服务的行业或部门"，后者指"为滑雪者提供产品和服务的行业，以及其他对滑雪消费活动有较大依赖的行业"。可以看出，"滑雪产业"较"滑雪行业"的覆盖相对广泛。目前我国对滑雪产业的概念、研究范围还没有明确的定义及界定。根据经济学的定义标准和国内学者对体育产业的论述，滑雪产业是体育产业中的一种，是指生产滑雪产品或服务的所有企业的集合，是为滑雪者提供滑雪运动中所需的各种有形产品和无形服务的诸多行业和部门组成的有机整体。实际上滑雪产业是在滑雪运动发展的过程中产生的，它以产业链的形式存在，它的研究范围既包括滑雪场、滑雪器材、服装，也包括滑雪产业人才、滑雪旅游、相关的交通、餐饮业以及滑雪赛事的举办、滑雪俱乐部等。

二、国外滑雪产业发展研究

目前全球共有约 80 个国家开展了滑雪活动，约 70 个国家建有室外滑雪场地，为全球亿万滑雪者提供装备、运动设施、住宿服务设施等，形成了规模巨大的滑雪产业。

（一）各地区滑雪产业现状

1. 滑雪者数量

滑雪者数量是反映一个地区滑雪普及程度的基础指标，拥有一定数量的滑雪者是发展滑雪产业的首要条件。

根据 Vanat（2014）的统计，全球的滑雪者数量长期以来稳定在 1.15 亿人。其中西欧地区占 27%、亚太地区占 20%、美洲占 19%、阿尔卑斯地区占 17%、东欧占 16%。有些国家没有滑雪场，如荷兰，但却有 100 万滑雪者在国外进行滑雪活动。从国家层面看，有 3 个国家的滑雪者人数超过 1000 万，其中德国的滑雪者人数最多，超过 1400 万，美国和日本紧随其后，分别超过 1300 万和 1100 万。从滑雪参与程度看，滑雪者人数占本国人口比例超过 20％的有 4 个国家。瑞士这一比例最高，为 37％，随后依次是奥地利 36％、挪威 25％、芬兰 24％。

2. 滑雪场地数量与质量

滑雪场地的数量与质量是反映一个地区滑雪产业发达程度的重要指标。滑雪场地多、质量高表明该地区滑雪设施专业程度高，滑雪产业发达。一般以滑雪度假村数量反映滑雪场地数量，以滑雪用缆车数量反映滑雪场地质量。

滑雪度假村指配备 4 条以上缆车的有组织的滑雪场。2017 年，全球共有 2119 个滑雪度假村。其中，阿尔卑斯地区占 36％，数量超过全球滑雪度假村的 1/3，名列第一；其次是美洲，占 22％；再次是亚太地区，占 18％；之后是西欧地区和东欧地区，各占 12％。从国家层面看，滑雪度假村超过 100 个的国家有 6 个。其中，美国的滑雪度假村最多，有 351 个，其次是日本 280 个、法国 233 个、意大利 216 个、奥地利 199 个、瑞士 102 个。

全球的滑雪用缆车超过两万条。其中，阿尔卑斯地区占 40％；其次是西欧地区，占 16％；再次是美洲、东欧和亚太地区，分别占 15％、15％、14％。从国家层面看，缆车数量超过 1000 条的有 7 个国家。其中，法国拥有的缆车数量最多，达到 3595 条，其次是奥地利 3028 条、美国 2970 条、日本 2122 条、意大利 2127 条、德国 1827 条、瑞士 1719 条。

3. 滑雪频次

滑雪频次是反映一个地区滑雪活动多少的重要指标。滑雪频次高，表明该地区滑雪活动多，滑雪设施及其他配套设施利用效率高，滑雪产业的增加值也会因此提高。滑雪频次的常用指标是滑雪人次。

滑雪人次指在以日为单位的一段时期内到滑雪场进行各类滑雪活动的人次数。全球的滑雪人次，阿尔卑斯地区占 45％、美洲占 21％、亚太地区占 14％、西欧占 11％、东欧占 9％。从国家层面看，滑雪人次超过 1000 万的有 8 个国家。其中，美国滑雪人次最多，超过 5700 万，其次是法国 5600 万、奥地利 5300 万、日本 3100 万、意大利 2800 万、瑞士 2600 万、加拿大 1800 万、德国 1100 万。

（二）影响滑雪产业发展的因素

1. 自然禀赋

不同于其他体育运动，滑雪运动对自然环境的要求非常高，甚至达到了苛刻的程度。这种要求主要包括气候和地形两方面。

在气候方面，首先降雪量大是一个必要条件。降雪量减少对滑雪运动绝对是一个负面影响。例如，2011/2012 年雪季，美国降雪同比下降 41%，同时气温升高，这就导致 83% 的滑雪场出现了滑雪人次下降的现象。其次，在降雪量大的同时，还要求雪的质量好。例如，冰岛的降雪冷而且硬，不是粉末状，就很难吸引其他国家的滑雪者。相反，在 2012/2013 雪季，瑞士的降雪比往年来得更早。优质的降雪质量和良好的天气在圣诞节和新年吸引了大量滑雪者，各个滑雪度假村都迎来了接待的高峰。虽然这个雪季比较短，但游客数量还是超过了前一个雪季。最后，气温不能过低。例如，俄罗斯一些高纬度地区冬季气温在零下几十度，寒风凛冽，这显然是不适合滑雪的。

在地形方面，滑雪运动需要有高山，海拔应在 1500 米以上，并且有合适的坡度。例如，冰岛的山大多在海拔 1500 米以下，坡度不足就无法吸引很多专业滑雪者。再如，德国境内的山峰海拔在 1500 米，高度低于奥地利和瑞士的山，因此德国滑雪者对降雪质量非常敏感。为此，德国在造雪设备方面不断加大投资，以期降低气候变化的影响。尽管如此，仍有大量德国滑雪者去其他国家滑雪，并占据了奥地利外国滑雪者的绝大部分。此外，北欧的高纬度地区冬季白昼过短，为了延长滑雪时间，很多滑雪场安装了灯光设备，无形中又增加了成本。

由此可见，在自然条件上非常符合滑雪运动要求的地区并不多，而这些地区就很容易获得众多滑雪者的青睐。例如，阿尔卑斯地区就是世界上最理想的滑雪地区。因此，虽然该地区的滑雪者只占 17%，其滑雪人次却高达 45%，表明该地区吸引了大量外国游客来滑雪。再如，位于法国和西班牙之间的小国家安道尔，境内拥有 62 座 2000 米以上的山峰，滑雪度假村位于海拔 1550～2610 米的地区。由于地理位置偏南，该地区的气候比欧洲其他滑雪胜地更温和、更晴朗，再加上优质的降雪，使安道尔成为理想的滑雪胜地。

2. 经济发展

(1) 滑雪产业的发展需要发达的经济发展基础

从前文可以看出，全球滑雪者数量和滑雪设施数量最多的国家都是经济发达的国家。经济发展程度高，一方面可以提高居民消费水平，增加对滑雪运动的需求；另一方面也为滑雪设施、交通设施、住宿餐饮等基础设施建设提供了充裕的资金保障。例如，罗马尼亚在自然禀赋上具备发展滑雪运动的条件，但由于经济欠发达，无法修建通往山中滑雪场的公路，从而影响了该地区滑雪运动的发展。

（2）滑雪产业对经济波动非常敏感

由于滑雪运动的成本较高，需要大量而持续的投资，所以经济波动很容易对滑雪产业造成影响。例如，日本滑雪产业在 19 世纪 70—90 年代经历了飞速发展，滑雪人次屡创新高。但在 19 世纪 90 年代日本遭遇经济衰退，很多滑雪场遇到融资困难，滑雪人次开始显著下降。现在每年的滑雪人次少于 1000 万，大约是 19 世纪 80 年代的一半。此外，2008 年的经济危机也对很多国家的滑雪产业造成了冲击。

（3）其他多种经济因素都可能对滑雪产业产生影响

由于滑雪场地一般都位于山区，与城市距离较远，因此滑雪活动与旅游业经常会产生紧密联系，所以影响旅游业的经济因素也同样会影响到滑雪产业。例如，瑞典滑雪产业发展非常平稳，稳定的投资使酒店接待能力逐步增强。在 2008 年经济危机时瑞典的滑雪人次仍然在增长。同时，建筑业成本低有利于很多企业进行滑雪场地改建。另外，瑞典克朗的低汇率也对旅游业有正面影响。经济上多种有利因素的叠加增强了瑞典滑雪产业的竞争力。

3. 人口数量

一个地区的人口数量与滑雪运动需要的自然条件如果不匹配，也会对滑雪产业的发展产生不利影响。

一种情况是滑雪者数量多，但本地的自然条件不理想。这时本地的滑雪者一般会选择到邻近的地区进行滑雪活动。例如，英国的滑雪者很多，但只有 5 个天然雪滑雪度假村。19 世纪 80 年代和 90 年代，英国的滑雪人次比现在多得多。但随着交通工具的便利以及航空费用的降低，大部分英国滑雪企业都已迁到国外。英国每年有 100 万滑雪者到阿尔卑斯等地进行滑雪运动。在这种情况下，本地的滑雪产业发展将受到很大影响，在产业规模上将难以扩大。另一种情况是地区自然条件良好，但本地滑雪者数量少。这时当地一般会考虑吸引邻近地区的滑雪者到本地进行滑雪活动。为此，滑雪场需要针对国外滑雪者的需求提供与之相适应的服务，同时国外滑雪者的消费特点也会对本地滑雪产业产生重大影响。例如，安道尔本地人口少，来自国外的滑雪者超过 90%。针对来自西班牙、法国、英国和俄罗斯的游客，安道尔滑雪度假村提供了各种类型的酒店住宿，并满足游客的各类购物与夜生活需求。由于是欧洲国家中国外滑雪者比例最高的国家，安道尔的滑雪产业在 2008 年经济危机中经历了重大打击，滑雪人次出现大幅下降。从长期看，由于本地滑雪者数量过少，安道尔的滑雪产业将一直面临不断增长的国际竞争。

（三）滑雪产业发展趋势

1. 新兴市场的发展

从统计数据看，2017 年东欧和亚太地区拥有全球 36％的滑雪者，但滑雪人次只占 23％，显然这两个地区具有非常大的发展潜力。与传统市场相比，新兴市场更容易进行新设施建设，设施先进水平更有可能超过传统市场。同时，亚太地区，特别是中国经济近年来的高速发展也为滑雪运动的普及与发展奠定了基础。

2. 青少年培养

根据对滑雪者年龄的研究，45 岁以上的滑雪者数量显著减少。这意味着滑雪者开始滑雪的时间越早，其从事滑雪运动的时间就会越长，滑雪的专业程度也会越高。为此，美国滑雪产业协会对不同年龄开始滑雪运动的滑雪者的消费进行了比较。比较的内容涵盖滑雪装备、门票、餐饮、住宿等方面。结果显示，一名 25 岁开始滑雪的滑雪者，到 45 岁时消费总计近 2 万美元，年消费近 1000 美元。而一名 10 岁开始滑雪的滑雪者，到 45 岁时消费总计 7.3 万美元，年消费超过 2000 美元，年消费水平高出一倍。很明显，加强青少年滑雪运动普及非常有利于青少年养成良好的滑雪运动观念，对滑雪产业的发展至关重要。在认识到青少年培养的重要性之后，很多国家都对普及青少年滑雪采取鼓励措施。例如，挪威将滑雪度假村打造为家庭度假的理想地点，建立了非常好的儿童护理设施，7 岁以下的儿童可以免费滑雪，只要求他们佩戴头盔。

3. 多角化经营

从滑雪运营商的角度看，目前滑雪产业面临两大问题：首先是滑雪的季节性限制。冬季是滑雪的黄金期，但在夏季相关设施如何利用受到关注。其次是滑雪产业受天气条件、经济波动影响较大，收入不稳定。因此需要针对这两大问题进行相应改革。

在设施的夏季利用方面，需要针对本地区特点制定相应的对策。例如，由于近年来增长乏力，加拿大滑雪产业进行了详细研究。一些运营商开始进行多角化经营，滑雪度假村开始开展夏季活动以增加游客数量。在大城市附近的一些度假村开发了夏季滑水运动，使缆车在夏季也可以得到利用。利用相关设施开发新的体育项目，可以更充分地提高设施利用效率，增加收入。在应对滑雪产业收入不稳定方面，一些地区已经开始将滑雪场地主题公园化，从娱乐业的视角对滑雪设施进行改造。例如，日本的一些滑雪度假村开始向真正的山区度假村转型，提供住宿和多种设施，有些甚至提出在山区建设迪士尼式主题公园的设想，以吸引包括滑雪者在内的更多游客。再如，韩国的滑雪度假村都是全年营业。很多都有高尔夫球场、室内游泳池和商店。室内购物中心配备保龄球、乒乓球、电子游戏、电影、卡拉 OK 等娱乐设施以及饭馆、酒吧和夜总会，很多度假村都是全天营业，其中 3 家度假村还配有水上公园和主题公园。由此可见，体育产业与娱乐业的融合正成为滑雪产业发展的一个新方向。

三、国内滑雪产业发展研究——以黑龙江省为例

（一）滑雪产业发展优势与潜力

1. 滑雪运动逐渐被大众所认可

近年来，随着生活水平的不断提高，人们的生活方式不断注入新的内涵，越来越多的人开始关注、参与滑雪运动，滑雪逐渐褪去"贵族运动"的外衣，成为一项深受广大人民群众喜欢的冬季户外运动。在滑雪过程中，在依靠重力、身体和滑板的作用下运用技巧合理掌握平衡，速度可突破 70 千米/小时，甚至更高。感受到风在耳边呼啸，周围的景致在眼前快速飞驰而过，可以说是一种既刺激又浪漫的体育运动体验，这与现代人追求新鲜、刺激、挑战自我的运动需求相吻合。滑雪运动是出于娱乐、健身的目的，受人为因素制约程度较小，男女老幼均可在雪场上轻松、愉快地滑行，饱享滑雪运动的无穷乐趣，滑雪这项运动已经走向平民化和大众化。

2. 滑雪参与者潜在人数多

2016 年 11 月 25 日，国家体育总局、发展改革委等四部门联合印发了《冰雪运动发展规划（2016—2025 年）》，提出到 2025 年形成较为完备的冰雪运动的产业体系和发展格局，要实现全国直接参加冰雪运动的人数超过 5000 万人，并带动 3 亿人参与冰雪运动的目标。根据中国滑雪协会的调查，在经济较发达的地区，人们均有很强的滑雪旅游倾向，2009年，全国常年滑雪者已经超过 200 万人，滑雪旅游业参与人次增势迅猛，前景乐观。至 2019 年全国滑雪人次共计 2090 万人次，2019 年黑龙江省的滑雪人次由 2015 年的 149 万人次增加到 189 万人次，按人次排名位居全国第四位。如此庞大的滑雪人次除滑雪本身带来的门票收入外，对于滑雪场所在的城市、区县的交通、住宿、餐饮等二、三产业的发展都具有辐射和带动作用。

3. 冰雪资源丰富、滑雪场数量多

黑龙江省为温带大陆性季风气候，冬季漫长且寒冷，雪量大，雪质好，有着得天独厚的滑雪资源优势。先天的自然优势和地域优势为滑雪产

业提供了最为重要的基础。至 2019 年底，我国滑雪场数量达 770 家（表
1-2），按照国家 2016—2025 的冰雪产业规划，到 2025 年，全国滑雪场会
达到 800 家。我国 28 个省、市、自治区都有滑雪场，其中黑龙江省有
124 家，占比为 16.1%，数量居于全国之冠。黑龙江省内滑雪场主要分布
于以哈尔滨市为中心区域向省内其他地市辐射的几个黄金滑雪带，如哈尔
滨—牡丹江滑雪带、哈尔滨—佳木斯滑雪带、哈尔滨—伊春小兴安岭滑雪
带、哈尔滨—大兴安岭滑雪带等几条滑雪沿线的发展格局，根据各地的地
理、地形状况开发了高山滑雪、越野滑雪、旅游滑雪三个系列的雪上运动
产品。

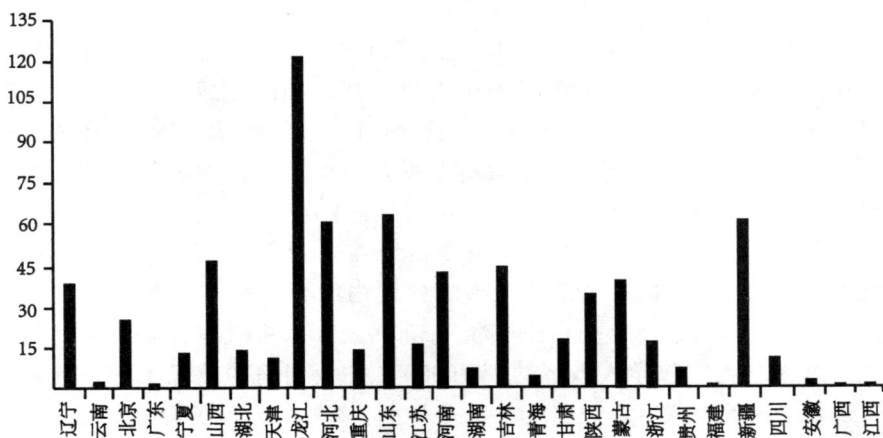

图 1-1　全国各省份滑雪场数量分布

4. 人才缺口大

滑雪运动的广泛兴起带动了黑龙江省滑雪产业的发展，对人才数量的
需求和层次的要求也不断在提高。到 2020 年，我国总计滑雪产业人才缺
口达 5 万人，雪场经营、管理、维护、滑雪教学、设备保养维修、雪场安
全救护等方面也都面临着"一将难求"的局面。同时，滑雪产业在职业培
训、认证、规范管理等方面还有很大的提升空间，滑雪营销、赛事组织与
管理、高危运动项目救护等岗位上，也存在巨大的缺口。新一轮的人才抢
夺战正悄然拉开序幕。如此大的人才缺口给就业创造了良好的契机。

（二）黑龙江省滑雪产业发展中的制约因素

1. 缺乏科学合理的规划布局

从总体上看，黑龙江省滑雪产业的开发利用与欧美日韩等发达国家之
间还是存在着较大差距，目前滑雪场的发展也经历着任何新生行业在发展

之初都会经历的"野蛮成长"阶段。滑雪场数量众多，但缺乏科学合理的发展规划。滑雪场布局缺乏合理性，盲目投资、低水平重复建设现象严重，管理不规范、设施简陋，防护简单，对滑雪者的安全难以形成安全保障。同一区域内雪场数量众多，一些非正规滑雪场利用不正当手段抢占客源，导致恶性竞争十分严重，无法给游客提供较佳的滑雪体验，损害区域内的滑雪产业的整体声誉。同时，不规范的中小型滑雪场会分流大量的客源，不仅导致规范性良好的滑雪场经济效益下滑，而且严重浪费了资源，破坏滑雪场当地的生态环境，这也在很大程度上也影响了全省滑雪旅游的整体形象。

2. 缺少专业的从业人员

伴随社会发展、冬奥申办成功的带动和滑雪运动兴起热潮，包括黑龙江在内的很多省份都将滑雪运动作为振兴当地经济发展的"白色产业"。但在这个劲头火热的产业"转身"仍要面对一系列短板，而短板中的关键就是人才。2017 年我国滑雪场具有开发建设和运营能力的高级管理人员不足 100 人，中级管理人员不足 500 人。而 2017 年中高级管理人员的需求至少 2000 人，预计到 2022 年将会达到 4000 人。索道、造雪机、压雪机等设备操作方面的人员匮乏，2017 年国内约有 470 人，预计 2022 年后至少达到 1500 人。2017 年国内约有 6000 余人从事滑雪教学工作，预计 2022 年从事滑雪教学人数将达到 15000 人。而当前的情况无论是黑龙江省还是全国的滑雪行业，在滑雪相关人才培养方面与市场需求量相比都存在滞后性，滑雪教练员、雪场机械操作、滑雪场馆运营、滑雪器具维护维修、雪场救护员等岗位的专业人才存在很大的缺口。现在的人才供给无论是在数量上、质量上，还是人才匹配问题上都显得非常严峻。滑雪产业的人才缺口虽然在未来可以提供大批量的工作岗位，但也导致了当前的从业人员整体水平不高，在滑雪产业飞速发展的当下，从业人员资质参差不齐，培训市场鱼龙混杂的现象颇为严重。如果这个"门槛"不够高，对游客的基本培训和指导也就成了空中楼阁。滑雪的教学，特别是对首次滑雪者来说往往需要一对一地进行教学训练，即使现有的滑雪运动教练和未来一段时期内退役的专业运动员都去做这方面工作的普及，也无法在较短时间内满足冰雪运动大发展的需求。

3. 滑雪器具品牌优势不足

目前黑龙江省的滑雪产业还没有形成完整的研发、生产、销售等一系列环节的产业链，很多专业的设备，如滑雪板、索道、造雪机、压雪机等滑雪器材设施和滑雪装备目前很大程度上依赖进口产品，省内除哈尔滨飞机工业机械设备制造有限公司的"雪龙"一个品牌在业内具有一定的知名度，占有一些市场份额外，虽然还有几个滑雪器材、装备、滑雪用品的制造企业，但没有形成口碑响亮品牌，相对国外的一些滑雪知名品牌企业，竞争力非常弱。据统计，一个一般规模的滑雪场大约需要 1000 套左右的滑雪服，上规模的滑雪场会达到 1500 套，全国仅滑雪服销售市场规模就超过 20 万套，再加上众多滑雪爱好者的个人需求，市场空间巨大。滑雪服装生产虽然是我们的优势，但国外品牌已经抢占了高端市场，并逐渐向中、低端市场扩展，无论是滑雪场用于出租的装备，还是滑雪者自己购买的雪具，高额利润都被国外大品牌器材厂商拿走了。小部分适应大众滑雪需求和消费能力的器材装备即使可以上市使用，质量也不过硬，这个亟待解决的难题限制了我国滑雪产业的发展。

（三）黑龙江省滑雪产业发展前景研究

在我国虽然滑雪产业已进入快速发展阶段，在设施、接待水平上都有所提升，也与其他产业形成了产业体系，但总体上仍过于单一。在今后的发展上，应依据社会以及人民群众的需求做出调整转变，要保证滑雪产业与社会发展之间的密切联系。在发展中，要突出主体产业，要促使其他产业与滑雪产业和谐有序的发展，不断完善产业体系。根据体育产业的发展趋势，滑雪产业的发展有以下几个特点。

1. 滑雪产业的发展将与国际接轨

由于我国人口众多，经济发展较为稳定，人们物质生活水平的提高也较为稳定，因此，滑雪运动的参与人数将会继续增加。当然，人们生活水平提高的同时，精神需求也在不断提高。在今后的发展中，滑雪产业要与国际接轨，借鉴国外经验，不断扩大滑雪场规模，完善滑雪场设施，要充分结合我国实际特点，为滑雪产业的发展注入新的动力。

2. 滑雪活动将成为全民运动

滑雪作为北方独有的一项体育运动，已经具有很长的发展时间，并具备强大的群众基础。但在其他地区，现阶段的参与度仍较低，只有部分年轻人因喜欢刺激爱上滑雪。在今后的发展中，滑雪项目的范围将会扩大，参与的年龄层次将会更加平均，滑雪运动也将会成为全民运动，滑雪消费也将成为人们的固定支出，成为经济发展中新的增长点。

3. 主体更加突出，产业体系日趋完善

在今后的发展过程中，我国滑雪产业仍将以滑雪场为主体，并且随着发展，主体将更加突出。伴随着主体地位的突出，相关产业所形成的产业体系也将更加完善。在滑雪的装备与器材上，要不断研发自主品牌，并提升自我品牌影响力；在接待能力上，要不断提高，要保证旅游、餐饮、住宿、交通、房地产、娱乐项目等产业的健康发展，同时要拓宽产业内容，完善产业体系。

4.资源将更加合理化

随着滑雪产业的发展，许多企业也纷纷投入其中，这也使得滑雪产业内部的竞争日趋激烈，有些滑雪场甚至展开了恶性竞争，这不仅影响滑雪产业的发展，更影响着人们日常的生活质量。因此，在今后的发展过程中，应调整滑雪产业的相关资源，促使其合理化、持续化发展。不仅如此，随着滑雪产业的发展，政府也应重视环境的保护，推出相应的政策措施，防止因滑雪场的修建破坏当地环境。

综上所述，目前我国滑雪产业虽然发展较快，但仍存在一些问题，在今后的发展中，需要不断改进，不断完善，真正发挥滑雪产业带动经济发展的作用。

第二章　滑雪运动文化迁移与普及

第一节　冬奥会对我国滑雪运动发展的启示

一、申办冬奥会对我国冰雪运动发展的影响

（一）增加我国冰雪运动的人口数量

2008年北京奥运会的成功举办，点燃了全国人民的体育热情，由此产生的全民健身意识和民族凝聚力至今仍然在我国的体育事业中发挥着重要作用。北京冬奥会的申办，使全国人民的体育热情再次高涨，全民积极参与冰雪运动的热情也将被点燃。国家主席习近平曾指出，北京举办冬奥会将带动中国3亿多人参加冰雪运动。这虽是个预言，但无疑将对国际奥林匹克运动的发展做出了巨大贡献。"带动三亿人上冰雪"不仅可以提高冰雪运动的质量，也可以加强人们参与冰雪运动的积极性，对我国群众冰雪运动的开展大有裨益。

我国冰雪运动的开展主要集中在东北、西北和华北地区，其他地区受气候影响，人民群众对冰雪运动基本没有概念，多数人没有主动参与其中的想法。所以我国的冰雪运动一直呈现"北多南少，北强南弱"的局面。然而，通过北京冬奥会的申办，将极大地改变我国冰雪运动开展不平衡的状况，北方以外地区的人们对冰雪运动的认知不断发生着变化。近几年，大众媒体对冰雪运动的宣传力度不断加强，人们对冰雪运动的关注度不断上升，吸引着全民积极参与冰雪运动，尤其是南方地区，冰雪运动的开展正在有序地进行。申办冬奥会对提高全民健身意识，打破冰雪运动"北多南少"的局面，增加我国冰雪运动的人口数量具有积极促进作用。

（二）丰富群众参与冬季运动的方式

在我国，大部分人在寒冷的冬季不喜欢室外运动，而是选择在家猫冬或选择室内运动，如去健身房或在家练习瑜伽。但北京冬奥会进入倒计时后，随着社会媒体对冰雪运动的大力宣传，人们参与冬季运动的兴趣明显高涨，参与冰雪运动的人口数量也明显增加。当前，我国交通方式越来

快捷，人们出行旅游越来越便捷。数据显示，2017 年前往张家口滑雪旅游的游客高达 6000 万人，群众参与冬季运动的人数不断上升。同时，近几年南方大力建设室内滑冰场以及人造滑冰场，从而使冰雪运动在南方地区也大力开展起来。北方一些较高海拔的山脉，也借助人工降雪等大力兴建滑雪场，极大地丰富了群众参与冬季活动的方式。温哥华冬奥会上，中国队获得冰壶运动金牌，使得人们逐渐了解到冰壶运动的魅力所在，并极大地调动了人们参与其中的兴趣。冰雪运动日益成为冬季运动的主导。北京冬奥会的申办成功将丰富人们参与冬季活动的方式，激发群众参与冬季运动的兴趣。

（三）冰雪运动场馆的增加

只有不断完善场地设施建设才能真正推动冰雪运动大众化。自北京冬奥会申办成功以来，北京、张家口等地区便开始了冬季运动场馆的新建工作。秉承可持续发展的理念，北京冬奥会的场馆建设包括对"北京奥运遗产"的再利用，如首都体育馆、国家体育馆和国家游泳中心等可满足冰球、冰壶项目和花样滑雪等比赛项目的场地需求，因此，北京再新建一个国家速滑馆便可满足冰上项目的场馆需求。张家口崇礼区在冬奥会申办成功后，也在积极建设冰雪运动场馆、赛道。目前，我国已经建成 600 多个户外滑雪场，在冬奥会的影响下，还将兴办 650 个室内滑雪场，同时大力推动南部地区的场馆建设。

秉承节俭办赛的特色，在举办完冬奥会之后，所兴建的场馆设施继续营业，新建的速滑馆、滑雪场等正常运行，还可以举办大型体育赛事，为冬季运动项目成为全民健身的重要内容提供了设施保证。

二、冬奥会对冰雪消费以及河北地区旅游产业的影响

（一）冰雪运动带来的新的消费市场

消费者对冰雪运动的积极态度将成为新的消费动机。北京冬奥会在群众积极参与冰雪运动、冰雪人才培养、场馆建设产生推动作用的同时，也将产生新的消费需求和消费市场。冰雪运动产业链较长，涉及场地、基础设施建设、器材装备销售以及相关产业，如旅游、地产、酒店、餐饮、娱乐等，市场广阔，发展空间巨大。随着人们对冰雪运动的热情增加，冰雪运动有望成为新的体育消费热点。以张家口崇礼区为例，滑雪场地设施的建设将拉动相关资金投入，形成以崇礼区为中心的商业圈，以体育产业、体育旅游产业带动餐饮、住宿、文化娱乐、旅游纪念品等一系列产业的发展，形成新的消费市场。相对其他运动，冰雪

运动装备的价格较高，一套专业的滑雪服价格在千元左右，头盔、滑雪杖、滑雪手套等价格也在百元左右，但如果通过租赁的方式则更加便捷、省钱，这种租赁方式也将成为新的消费市场。同时，滑雪表演产业也将拉动大量游客和资金流入，从而形成以冰雪运动为纽带的新的消费市场。北京冬奥会定将大幅度拉动河北省及周边地区冰雪消费需求，形成全新的消费市场。

（二）促进河北地区旅游产业的发展

体育旅游是近几年随着社会发展而形成的新兴产业，北京冬奥会的成功申办对河北地区体育旅游产业的发展带来了前所未有的契机。实践表明，发展冰雪旅游可以拉动冰雪地区的经济发展。从国际看，加拿大温哥华、挪威奥斯陆、日本北海道等都是通过冰雪旅游带动经济发展的典范。从国内看，近年来，我国冰雪旅游效益日渐明显，如哈尔滨冰雪旅游产业占全市旅游产业的半壁江山，吉林省冰雪旅游综合收入已占到全年旅游综合收入的三分之一。这些都充分表明，冰雪旅游前景乐观。

北京申办冬奥会成功以来，冬季运动项目参与人群不断壮大，河北省将建成以体育旅游为主导的产业体系。2022年冬奥会将大大提升河北省以及周边旅游资源的开发，河北地区"以冰雪产业发展为龙头，带动整体产业发展"的趋势已经形成，以后将把握旅游新趋势，在河北地区形成以旅游度假区为核心的体育旅游产业，带动发展坝上草原、承德避暑山庄、文化长廊、天鹅湖等旅游地区的发展。

三、冬奥会影响下国家冰雪运动发展策略

（一）国家政策带动

地方政府与体育政府部门的政策都要在国家政策基础上制定和完善，因此国家相关部门要尽快出台冰雪运动相关的政策文件，要求、省、市、自治区都要积极参与到冰雪运动发展规划工作中，政府主管部门要积极听取社会各方意见，积极纳入可行性建议到冰雪产业发展规划计划中，将冰雪运动发展当作地方经济发展的重要途径来开展，进一步加强对冰雪运动发展的引导和扶持，具备开展冰雪运动条件的城市以及举办冬奥会的城市可以适当提供一些财政补贴以及相关优惠政策，包括土地、税收、财政补贴等，从而吸引更多的社会资本投入冰雪运动，推动冰雪运动场地的建设，举办冰雪运动相关赛事，鼓励社会组织和公众参与。同时还要尽快出台冰雪运动和旅游、体育产品销售等行业融合的相关政策以及配套措施，并尽快完善行业融合与发展规范标准，做好区域冰雪旅游产业发展规划，开发赛前、赛中和赛后三个不同时间段赛事场地的体育与经济价值。

（二）南北发展均衡

20 世纪 50 年代，国家提出"北冰南展"的发展战略，希望借助此战略来推动南方冰雪运动的发展。南方地区冰雪运动已经开展多年，但是没有得到广泛推广和普及，和国家经济发展水平严重不符。长期以来，冰雪运动都被当作有钱人的游戏，需要投入很多金钱，对生活水平和经济基础有一定要求。我国近些年经济水平不断提高，百姓收入随之增加，国家已经全面步入了大众消费阶段，很多地区已经具备了发展冰雪运动的经济基础，尤其是南方地区，可以积极开展室内滑冰项目，不受季节与场地影响，而且冰上项目对运动员身体形态的要求和南方人的特点相符合，因此冰雪运动的开展要充分考虑到地域性差异，在北方发展滑雪运动，南方发展滑冰运动，进一步发掘南方冰雪运动潜力。

（三）冰雪运动人才培养

冰雪运动的发展需要大量优秀的冰雪运动人才，包括冰雪运动师资队伍和熟悉冬奥会运动项目的高素质专业人才，因此首先要进一步加快冰雪运动学院、冰雪运动训练研究基地的建设，全面提升冰雪运动人才素质，提高冰雪运动人才质量，争取高端化发展。政府要积极探索、完善冰雪运动人才的培育模式，解决好培养目标、专业设置、课程安排等问题，要将冰雪运动人才培养当作重要的发展战略目标，建设冰雪俱乐部以及训练基地，提倡冰雪运动体验活动，吸引更多的青少年参与到冰雪运动中，同时还要完善冰雪运动人才的选拔培养机制，为冰雪运动员提供一个成长的平台，为冰雪运动输送更多的专业人才。

第二节　滑雪运动的文化迁移

一、滑雪运动文化生发的思考

国外很多滑雪的旅行故事会谈到所在地的地理（如地形和雪的条件）、个人或一群人的心理（如惊吓感、焦虑感、激动和流动），以及社会与文化体验（如互动以及和当地居民或同游的人的关系）。有趣的是，很多关于对跨国工作、休闲和旅游的笔记也揭示了复杂的、流动的时空观。例如，"一晃就七年了""过去的那些冬季回忆已经模糊了""夏天从我的记忆中消失了，现在生活进入了漫长而迷人的冬天""我太过于专注下一场大雪了，以至于我不再按星期和月份来计算时间，天气预报比日历更为重要"。往往非常注意天气和季候，以至于他们以冬天、风暴和每个季节"下雪"的天数来记叙他们的旅途。滑雪经过的地方都是文化体验的重要象征，因此成为滑雪发烧友常见的话题。

和青年旅行者的旅游笔记一样，很多滑雪者也写到自我成长和个人改变。譬如，一名新西兰滑雪爱好者在反思自己之前的生活方式时这样写道："回忆起来，我沉浸在单板滑雪运动中的那些年对我有很大的影响。我想我从自己经历中收获了很多自信和信念。我搬去了一个滑雪小镇，在那里没有一份工作，没有落脚点，这真是一个很好的锻炼。如果你能把所有的问题都解决了，能生存下来并生活得愉快，那么你什么事情都可以做成。"

即使对于那些早已经退出跨国单板滑雪生活方式的人，旅游之地发生的故事和回忆依然深刻，无论是口头上的、虚拟的还是认知的。譬如，"我在工作的大部分时间还是会梦到那些雪并希望回到以前的日子里"，而且这些记忆和故事多年来一直影响他们的认同感和个人成长。曾在海外居住过的人总会留下对"另外一个时空"的"残余的记忆"，而且这些记忆可以"生成新的欲望和依恋"。进一步讲，一旦这些记忆和意识结合起来，就会产生"对固定不变的感觉的抗拒"，这种感觉会指向反抗压迫的当地或全球状况。譬如，不再以单板滑雪来组织自己的生活，但是会依然认为"滑雪将永远是我生命中的一部分，我依然记得那种生活方式的自由和滑雪中的个人表达，它将成为我生活方式中一个明确的特色。我永远都不会安于早九晚五的生活方式，因为我知道还有很多其他的生活方式，只要你有创意、够灵活"。

正如这些长时间跨国关系所说明的，移动和依恋不是线性的，也不是前后连续的，而是不断地来回轮转，而且随着时间不断改变方向。除了个人对国家、性别或文化认同、记忆、自反性和其他的意识之外，对于部分参与者来说，对集体的含义和理解使得他们形成了"跨国思维"，在新的时空中超越社会界限。确实，很多对跨国流动有相似的体验，譬如创意的企业家行为、节俭、找到"一份真正工作"的压力，时空季节性的迁移节奏。这种体验产生了"共同的意识"或"虚拟的凝聚"，以至于很多滑雪爱好者同时声称他们属于"地球文化"，这种文化超越边界和语言障碍。

二、滑雪运动文化迁移的反思

滑雪者并不是一个同质化的群体，活动参与者有不同的动机和价值观，这些取决于很多因素，包括参与方式、投入程度、水平、年龄、性别、种族、阶级、民族等。而且，个人的参与目标和方式在一生中会有所变化。在这个高度片段式、动态的当代滑雪文化中，旅游的方式有很大的差异，从短途的公路旅行到当地的滑雪胜地，到国际旅游套餐预算，到前往国外偏远地区的奢侈单板滑雪探险，再到工作假期和两个半球之间的季节性生活方式移民。

简单地说，当代滑雪文化包括多样的流动和"众多的参与者"（具有不同的跨国体验和表达）。但是，更重要的是，我们要记住这种流动是滑雪体验本身附带的。对于大多数滑雪者来说，从白雪皑皑的山坡滑下来是美好的体验，是驱动国际旅行、旅游和体育移民背后的主要动力。

尽管在全球滑雪领域有很多跨国体验的方式，但是这些身体上的、心理上的、社会层面的体验一直和地方认同问题紧密相连。滑雪者的跨国经历、行为与行动和滑雪地点密切相关，而不是超越或远离当地情况。换句话说，他们散居的体验和当地的空间、地方的物质和社会关系密切相连，尤其是滑雪胜地所在地。确实，随着当代滑雪文化的流动多样性，滑雪胜地和大山正在变成"综合的、多维的、多样的"居住空间。这对于某些重要的地方尤其如此，譬如沙木尼（法国）、女皇镇（新西兰）和惠斯勒（加拿大）。这些地方长期接待来自全世界的滑雪体育爱好者，主办各种各样的活动，譬如单板滑雪、滑雪、山地自行车、滑板、登山、皮划艇、滑翔、定点跳伞，接待不同身份的人，运动员、生活方式体育移民、游客、新手、喜爱自我表现的人。所以，笔者把这些地方称之为"跨国地理文化热点地方"。

笔者有充分的理由认为，这些跨国目的地和其他受欢迎的国家和地区冬季运动场所的不同之处，在于这些跨国目的地结合了社会（高品质酒店、咖啡厅和夜生活）、地理（如雪的条件、天气和山形）和成熟的基础设施（可以轻松抵达机场，住宿、方便用户的村庄设计等）。有滑雪爱好者认为，"这些地方周围有朝圣的地方，来自全世界的志同道合的爱好者在神圣的冬季荟萃在此"。确实，每年数以百万的冬季体育发烧友带着不同的动机、目标和意图来到这些特别的目的地。尽管很多人是为了体验新鲜的，更具有挑战性的或具有文化盛誉的山地而来，但也有一些是因为可以有机会和志同道合的青年人和文化人进行社交而聚集到这些地方。

当然，受到很多因素的促进与限制，包括雪的质量、交通和住宿可行性、汇率、目的地的媒体报道、工作和旅游签证、语言障碍、全球和国家经济环境等因素。但是这些靠山胜地里的雪山（譬如地形公园、空中缆车、边远地区）和城市（如停车场、咖啡厅、酒吧和夜总会、商店等），这些地方是谁的？谁可以享用社会和地理资源？不同的个人和团体在这些地方如何就空间进行协商？个人如何在这些地方展示或掩藏自己的特征，譬如民族、性别、种族、阶级等，以在当地的跨国社区保护或生成自己的特性？

当地的文化价值观体系很重要，因为它们决定了谁具有使用权和优先权，如果自然和社会与经济（如住宿和工作）资源有限。当地的居民、游客和以改变生活方式的体育移民用不同的行为形成自我和群体观、归属感、所属的界限和谁被这些山地旅游胜地所排斥。随着个人和群体在具有等级的跨国地理文化领域争夺领土和地位，不同空间和地方的文化等级受到质疑和强化。通过这样做，跨国地理文化空间的个人和团体"体验到不同层次的权利并受到影响"或者"依此行事"。最后，因为边界在某些地方对于某些人变得越来越"具有渗透性"，我们不得被跨国主义的精英意识形态蒙骗，而没有注意情感和恰当的重要性。

第三节　滑雪运动在校园中的普及

《全民冰雪运动普及计划》自发布实施以来，备受广大人民群众，尤其是青少年群体的广泛关注，在一定程度上促进了我国全民健身的参与度，最主要的是能够激发和推动我国校园冰雪运动的进一步发展。自2015年北京成功申办2022年冬季奥运会以来，更多的社会群众、学生对于冬奥会的比赛项目有了进一步的了解，这也极大地促进了冰雪运动在我国的迅速开展。在冬季奥运会的辐射带动下，在"三亿人参与冰雪运动"目标的指引下，学生也开始逐渐关注冬季奥运，并展现出较高的参与热情。冰雪运动不仅可以作为一项竞技项目，是健身、娱乐、增进社会和谐等特点，同时也成为人们十分喜爱的健身运动项目。虽然国内具有良好的冰雪运动资源，但是对于冰雪资源的开发应用还较少，严重落后于世界冰雪运动体育强国。正是在这样的历史机遇下，通过北京成功申办2022年冬奥会这一历史机遇，充分发挥冬奥会的有效辐射和带动作用，通过在学校内有效开展冰雪运动项目，克服不利影响因素，有效整合资源，推动冰雪运动走进校园，强化大众运动的目的，显得极为有意义。

一、开展校园冰雪运动的作用

（一）增强学生体质

冰雪运动是青少年体质健康重要的载体。经常参加冰雪运动可以使肌纤维增粗、肌质增多，肌肉变得坚实有力。人们在从事冬季户外运动时，为了抵抗寒冷，保持体温恒定，全身血管会大大调动全身血液的总循环，以维持整个身体内外环境的平衡，因此，冰雪运动对于学生心血管功能的增强和心血管疾病的预防也有着重要作用。另外，当学生从事冰雪运动的时候，由于冷的刺激，呼吸会变得急促、深长而有力，长期锻炼会使肺部弹性增强，这就有力的预防了许多呼吸系统疾病的发生，对于增强肌肉、促进骨骼发育、提高心血管功能、改善呼吸系统等方面的作用明显。

（二）促进学生身心健康

北方冬季的气候适宜开展冰雪运动，使冰雪运动成为北方地区的"特色体育"项目。通过在学校全方面地开展实施冬季冰雪运动项目，不仅丰富了学生的冬季体育项目，还能让学生在寒冷的天气中锻炼身体，走出教室，磨炼他们的意志。冰雪运动项目具有刺激性、冒险性等特点，能够有效满足运动者寻求刺激、锻炼意志耐力以及提高运动协调能力的需求。开展冰雪运动的同时也能丰富学生的体育文化生活，有效提高学生的冰雪体育兴趣，促使学生积极主动地参与冰雪体育运动，从而增强体质，促进身心健康发展，塑造强健的体魄。校园冰雪运动项目的开展，从学生的身心发展方向来讲，充分发挥了自身的优势，促进了学生的全面发展。

（三）丰富学校体育文化课程资源

基于迎接北京冬奥会的前提，北京市教委、北京市体育局、北京冬奥组委新闻宣传部、北京奥运城市发展促进会共同主办的各类冰雪运动普及与推广活动在北京很多学校展开实施。根据学校学生的冰雪运动现状，组织开展了适合不同阶段学生参与的各类冰雪运动项目，如"旱地"转"冰雪"运动的尝试；2016年，北京市朝阳区各中小学就开始开展"寓教于乐"的专业冰雪课程，引进了可拆装式移动冰场和3D滑雪仪，把"冰场"和"雪道"带进校园，通过这种方式，在校园里开展"冰雪运动"。各类丰富多彩的冰雪运动课程活动丰富了校园的文化课程资源，"从孩子抓起"，努力开展学校体育冰雪运动项目的建设也在不断落实。

（四）让特色体育走进校园，让冰雪运动成为学校的名片

特色体育让学校找到自己的核心优势。滑雪运动专业性很强，想要走进学校必须引入社会资源。教育部计划2020年在全国建成2000所中小学

冰雪特色学校，2025 年力争达到 5000 所。加强校园冰雪运动的推广，让冰雪运动成为学校的特色名片。

例如，北京第二十中学附属实验学校于 2014 年 10 月建校，一个月后成立冰球队，命名为"北极星"。2016 年 4 月承办首届北京市海淀区中小学冰球联赛；2017 年 2 月接受国家领导人接见。引入特色体育进校园，找到了学校的核心优势，加上国家政策的支持，更加有利于校园特色体育项目的发展和学校体育精神、相关文化的传播。冰雪教育俨然已经成为北京第二十中学的名片，走进校园，才能深刻体会到特色体育成为学校名片的宣传力度。

二、影响冰雪运动进校园的传播因素

（一）冰雪运动场地设施不足

随着 2022 年冬奥会的申办成功，喜爱冰雪运动的人越来越多。特别是在高校中，随着学生对冬奥项目的深入了解，他们也愈加钟爱冰雪运动。但是从现今高校的冰雪运动场所的实际建设调研情况来看，场地是在校园中开展冰雪运动的最大阻力。秉承因地制宜、就近而为的原则理念来解决场地局限。当今的高校极少在学校内部开设冰雪运动场地，其中主要的冰雪运动场地集中在校外的专业盈利场所。2015 年全国高校仅有 5 家运动冰场，86.93％的雪场与 76.83％的冰场归属于企业所有。在校内营建的冰雪运动场地的面积不仅有限，提供在校学生的冰雪运动训练也不足，很难维持正常的冰雪运动教学。从总体来看，现今冰雪运动场地设施也不是很健全，场地较少，使学校滑雪课程的开设受到了很大的限制，不能够满足学生群体对于冰雪运动的急切需求，挫伤了学生对于冰雪运动的积极性。

（二）学生群体参与度低

虽然冰雪运动由来已久，但并没有真正走入人们的视野。只是近年来，随着冬季奥运会在国内逐渐盛行，人们逐渐意识到冰雪运动的乐趣，这才引起学生以及社会大众的关注。但是对于学生而言，由于缺少对冰雪运动知识的了解，且在运动中极易受伤，易于挫败学生的积极能动性，使学生极少参与到冰雪运动中。另一方面，由于对体育运动长期的偏执观念，人们普遍认为体育是一种纯消费的活动，过多或者经常参与其中就被认为是不务正业。随着社会的不断进步，社会文明得到了极大的提高，人们以往的传统运动观念也受到了较大的冲击。因此，要正确看待冰雪体育运动。

（三）安全因素的制约

学生在体育课上会不可避免地发生运动损伤，学生只有按照教授的正确动作与方法，根据自己的实际运动能力和水平进行体育学习活动，才能最大程度地减少运动损伤的发生。滑雪运动在不同程度上易使学生受到伤害，外来因素的影响会更多些。对于初学者来说，滑雪板的方向、速度的控制、减速技术的掌握、雪坡落差的冲击等都会对人身安全造成威胁。但是只要学生按照教师的讲解循序渐进的练习，不在超过自己能力的滑行道上滑行，并且掌握滑行倒地技术，就能够把运动损伤发生的概率降到最低。

（四）冰雪运动知识尚未普及

在学校内，虽然学生基数大，但能够参与到冰雪运动的学生较少。参与学校冰雪运动的群体主要由体育教师、体育爱好者以及冰雪运动社团等构成。而对于未经过任何冰雪运动专业指导训练的人而言，由于对于冰雪运动的特点、训练方式方法不尽相知，所以在运动时存在一定的盲目性，容易在运动中受伤。另外，虽然在校园内有一部分擅长冰雪运动的学生，他们对于冰雪运动了解较为广泛，但是未对这些优势资源进行深度整合，并未形成合力对其他学生进行指导，不利于冰雪运动的广泛开展。

三、冬奥会背景下冰雪运动进校园的传播策略

（一）校园内大力宣传推广

当今社会是科技发展的社会，多媒体技术也随着科技的发展迅速提高，传媒技术的作用越来越重要，是多媒体技术的重要核心。在宣传推广工作中，要充分利用传媒技术，特别是借助冬奥会的社会影响力，积极宣传冰雪运动相关知识，树立正确的舆论导向，营造良好的学生参与冰雪运动的文化氛围。另外，积极与学校的分管体育的部门沟通、协调，引起学校的重视，通过学校、社团机构的舆论宣传等作用，在学校相关部门的倡导下，组织开展与冰雪运动相关集体大型运动。另外，在进行相关舆论宣传时，媒体技术要尽量削减冰雪运动的竞技性，要凸显冰雪运动的大众性、娱乐性。一方面，要加强宣传工作，纠正人们对于冰雪运动等体育锻炼的偏颇认识。通过加强相关舆论宣传，使其深入人心，让人们意识到参加冰雪运动在强身健体的同时，也不会耽误"正业"。另一方面，通过加强对冰雪运动的宣传，使群众意识到娱乐、健身的统一性，在得到良好锻炼的同时，也可以在冰雪运动中享受与团队成员分享乐趣、交流感情的好处等。通过上述方法，鼓励人民群众积极参与其中，形成良好的冰雪运动风气。

（二）开启冰雪运动知识推广

从上文的描述中，我们可以看到多数学生对于冰雪运动相关知识存在一定的盲目性，部分学生虽然在冬奥会影响下，对于冰雪运动较为喜爱，但是缺乏一定的理论和实践知识。而冰雪运动专业人才的匮乏，究其原因，是学校以及社会等机构对于冰雪运动专业人才的培养不够重视。在这样的背景下，在现今的高校、中学等相关学校应该把冰雪运动加入正常教学行列，引起足够重视。特别是对于青少年来讲，在学校内开展冰雪运动可以有效促进青少年的身心发展。在进行冰雪运动课程中，有组织、有针对性地培养学生对于冰雪运动的训练，灌输他们以冰雪运动为起点的终身健身的观念，从而间接为社会培养了一大批冰雪运动的训练员，也能够较好解决冰雪运动裁判员质量少而不高的问题，为冰雪运动的进一步推广奠定坚实的基础。若干年后，这些具有冰雪运动理论和实践技能的人才将会成为冰雪运动的倡导者或者裁判，也可以对身边的人起到较好的引导作用。

（三）增加场地建设

随着全民冰雪运动的推广，人们对于冰雪运动越加热衷，因而对于冰雪运动场地的建设提出了较高的要求。面对人民群众对于冰雪运动的日益增大，学校也应该加大对于冰雪运动场地的投入及建设。现今，无论是公共体育馆还是其他冰雪运动场地都已经无法满足日益增长的冰雪运动需求。另外，从现今学校对于冰雪运动场所的投入建设情况来看，仅能满足日常教学所需，这些因素都严重制约了冰雪运动在校园的进一步推广。基于上述背景，学校应该加强修建冰雪运动场地，夯实良好的运动平台助推学生积极参与到冰雪运动中。进一步加大校内冰雪体育设施建设，能吸引更多学生参与其中，满足其多样化需求，有效提高学生冰雪运动环境。

（四）实现社会滑雪场联动

每个城市都有滑雪的地方，学校应积极与相关社会专业冰雪运动机构进行沟通协调。例如，在周末或闲暇时间尽其所能的打开社会的公众体育馆，使学生也能享受到公共资源，有效缓解学生群体对于冰雪运动的急切需求。一方面，使用场地可以得到充分利用；另一方面学校因招生门类规模的不断扩大，教育经费不足导致的冬季冰雪场地设施器材的缺乏也能得到一点改善。

（五）冰雪运动的课程开设

学校定期开设冰雪运动课程，以提升学生运动技能和丰富冰雪文化知识。作为公共体育冰雪运动教学内容的主要构成部分，冰雪运动发展和对学生进行冰雪运动理论教育以及冬奥会人文素质培养的教育，都是发展冰雪运动的基础。

（六）积极推广冰雪运动赛事

为了进一步推广冰雪运动大众化，应该加大举办冰雪运动赛事的力度以及相关人才的选拔。一方面，加大冰雪运动赛事的舆论宣传。学校相关部门应该积极筹划赛事，借助网络宣传优势，对冰雪运动赛事加大宣传，提高赛事知名度，吸引更多学生参与其中。通过对冰雪运动比赛的直播，可以让更多学生以亲眼所见、亲耳所闻的方式参与其中，有效调动学生的积极性，能够让更多对冰雪运动不了解的学生更好地了解其魅力。另一方面，通过参加冰雪运动赛事，可以有效提高冰雪运动选手的技术水平，在比赛中发现技战术水平的欠缺之处，用比赛来促进技术水平的提高，同时通过相关的比赛可以挖掘出众多的冰雪运动后备人才，从而形成良好的培养选拔机制，为国家输送专业人才。

推行特色体育推行冰雪课程势在必行，特别是冬奥会申办成功以来，更多的社会群众、学生对于冬奥会有了进一步的深入了解，这也极大地促进了冰雪运动在整个社会中的开展。一方面改变季节性课程单一，可以满足不同水平、不同兴趣的学生，让他们积极参与到体育锻炼中来，从而树立快乐体育、终身体育的理念；另一方面通过课程的普及，使更多的学生了解冰雪运动项目。冰雪运动不仅具有健身、娱乐、增进社会和谐等特点，同时也是人们十分喜爱的健身运动项目。正是基于上述背景历史，笔者分析了冬奥会背景下冰雪运动进校园的传播因素，并从校园内大力宣传推广、开启冰雪运动知识推广、增加场地建设以及积极推广冰雪运动赛事等方面提出了相应的改善建议。因冰雪运动在我国发展的时间相对较短，我们对于冰雪运动在校园中的教授方式和手段没有足够的技术和理论经验，需要通过与冰雪运动发达的国家相互交流学习和教育部门的进一步研讨摸索。要实现"三亿人参与冰雪运动"的目标，还需要大家一起努力。

第三章　我国滑雪运动的推广研究

第一节　我国滑雪运动的推广背景与推广者分析

一、我国滑雪运动推广的背景分析

（一）我国大众滑雪运动自然环境背景分析

滑雪场的开发和建设依托气候条件和地理环境，建造一个滑雪场需要有落差的山体和较为寒冷的气候条件。我国幅员辽阔，经纬跨度很大，因此拥有多样的气候环境和丰富的山地资源，对雪场的开发和建设创造了有利条件。

1. 我国大众滑雪场数量迅速增长，规模逐步扩大，但仍以中小型为主

我国在20世纪50年代为了发展竞技滑雪运动，由国家投资建设，修建了小型滑雪场供运动员训练使用。1957年，我国第一个滑雪场在吉林通化建成。截至1996年，我国滑雪场的数量不足10个，而且全部集中在黑龙江和吉林地区。在这段时期之前的滑雪场都是由政府出资建造的。1996年，我国的滑雪场迎来了大众时代，以黑龙江亚布力滑雪场、吉林北大壶滑雪场为主的大众滑雪场正式对外开放，但由于滑雪人数少，滑雪场经营状况十分萧条。从2000年至2005年，5年的时间里，我国的滑雪场数量急剧上升，从20个多发展到200多个。

截止到2019年，我国共有770家滑雪场，分布于28个省、市、自治区。其中黑龙江以124家居于全国之冠，从区域上来看，东北地区与华北地区是滑雪场建设的主要区域。2019年新增滑雪场数量为28家。

虽然我国滑雪场数量增长迅速，但仍以中小型滑雪场为主。在2019年2月发布的《中国滑雪产业白皮书》中，将滑雪场分为目的地度假型、城郊学习型和旅游体验型。研究表明，目前我国拥有的滑雪场77%为旅游体验型，3%为目的地度假型。造雪面积超过100公顷的滑雪场有八家，50~100公顷的雪场共七家，577家滑雪场的造雪面积不足5公顷。

2. 滑雪场经营管理水平差别较大，整体发展不均衡

我国滑雪场的规模以中小型为主。与大型滑雪场相比，中小型滑雪场的设施和器材相对老旧，滑雪场工作人员文化素质较低，缺乏先进的经营理念和管理经验。北京周边的滑雪场近年发展迅猛，由于地缘优势，可以吸引更有经验的人力资源。北京地处全国政治经济文化中心，居民经济收入水平较高，休闲文化产业相对发达，雪场的经营管理水平较高，人才储备相对丰富。与此同时，北京周边地区的滑雪场重视人才的培养和深造，为滑雪场的教练、管理人员提供出国学习交流的平台和机会，这在其他地区是很难做到的。因此，滑雪场的规模和地缘决定了我国滑雪场整体发展的不均衡。

3. 滑雪场经营模式转变，逐步形成集成式休闲产业

滑雪场从前主要依靠国家投资，以国有事业或企业的形式经营，如今经营模式更为多元化，股份制投资经营、个体私营、投资或承包经营等方式并行。冬奥会的成功申办，促进了北京、张家口一带的滑雪场建设。从前我国仅有两三条雪道的小作坊式滑雪场已经无法满足人们的需求，如今的滑雪场趋向于建成具有一定规模的大型滑雪度假村，集竞赛、滑雪、住宿、餐饮、娱乐等于一体，还可以召开会议，举办各种综合活动，越来越趋于集群化，使滑雪市场成为一种休闲产业。由于雪场集群化和多功能化的发展，滑雪场的建设将带动交通行业、餐饮行业、制造业、旅游业等行业的发展。

4. 四季滑雪场馆发展迅速，我国将出现更多的室内滑雪馆

我国目前有 31 家室内滑雪馆在运营。2019 年新开 5 家室内滑雪馆，目前仍有室内滑雪场在建中。除了室内滑雪馆，我国目前有 140 家室内模拟滑雪基地。目前中国已经成为世界第二大旱雪滑雪市场。未来会有更多的室内滑雪场馆在全国各地建成。

（二）我国大众滑雪运动政治法律背景分析

政治法律背景是我国大众滑雪运动推广的重要因素，对我国大众滑雪运动的推广者、相关产业管理者、滑雪爱好者等起到规范、引导和调整的作用。政治法律背景主要包括我国政府出台的政策法规以及滑雪运动相关产业的实施标准和管理办法。

1. 政府政策法规的制定

2015 年底，国家体育总局局长刘鹏在介绍《全民健身计划（2011—2015 年）》实施效果评估总体情况时提出并强调各部门政府从政策措施上入手，引导社会各个方面投入冰雪运动场地设施建设，以及活动和赛事

的开展。通过政策的引导，让更多的社会资金、社会力量投入到冰雪运动的建设与推广当中。2016 年 3 月 7 日，北京市人民政府发布《关于加快冰雪运动发展的意见（2016—2022 年）》，这是全国首次以地方政府名义出台的冰雪运动发展规划，明确了冰雪运动的 7 个核心任务，其中就包括大众滑雪。

2. 大众滑雪运动相关产业的实施标准和管理办法

2005 年 12 月 21 日，中国滑雪协会推出了《中国滑雪场所管理规范（试行）》，对滑雪场的开发、场地规模、技术数据、标识图案和滑雪者的安全行为等都进行了规范。这套规范的出台使我国滑雪场所管理者和从业者以及滑雪爱好者找到了法律依据，更方便政府对滑雪场的管理，从而促进我国滑雪产业的健康快速发展。尽管这套管理规范在许多细节方面有待完善，法律的权威性也有待保障，但这套规范的出台第一次为我国滑雪产业提供了方向和依据。目前，我国滑雪产业相关的各方面法律、标准等都很缺乏。例如，我国目前还没有一套完整的滑雪装备质量检测标准，这些法律和规范都需要在未来滑雪运动发展的过程中逐步建立并完善，为我国大众滑雪运动的发展创造良好的政治法律环境。

（三）我国大众滑雪运动经济人口背景分析

大众滑雪运动是一项集休闲、健身、娱乐为一体的运动项目，开展大众滑雪运动需要在固定的滑雪场所，借助专门的滑雪器械，因此，此项运动的开展受经济和居民消费水平的影响。我国经济近年来一直保持快速增长的态势，2019 年政府工作报告提供的数据表明，2019 年我国的国内生产总值增长 6%～6.5%，人均 GDP70892 人民币。经济的增长和人均消费能力的提高必然能带动大众滑雪运动的发展。

在 2000 年初我国参与滑雪运动的约为 500 万人次，到 2014 年，滑雪协会统计的参与滑雪人口约有 900 万，按国际 1∶1.3 的比例计算，总计约 1200 万人次。14 年的时间，滑雪人口增长了约 2.2 倍。专家预计，到冬季奥运举办前夕，我国滑雪人口将迎来爆炸式发展，预计参加滑雪运动的人口将达 9000 万。随着我国滑雪场所数量的逐年增加，大众滑雪运动的参与人数也迅速增长，两者成正比例相关。

自 1996 年大众滑雪运动发展以来，参与大众滑雪运动的人口数量从 1996 年的每年 1 万人发展到每年 300 万人次。以北京为中心，方圆 100 公里的全国滑雪产业核心区，每年可接纳 100 万游客，仅河北省张家口市崇礼区的滑雪场，每年接待的游客量就达到 60 万人次。

在大众滑雪运动参与者调查当中，有以下几组数据。第一，男性滑雪者多于女性滑雪者，男性约占 73％，女性占 27％；第二，滑雪者年龄 25 岁以下占 22％，25～45 岁占 57％；第三，双板滑雪者多于单板，滑双板的人约占 65％，单板为 35％。由于年轻的滑雪者追求潮流和时尚，单板滑雪的装备更富有设计感，因此单板滑雪者的人数有上升的趋势。

人们开始参与滑雪运动的原因包括：①朋友、家人的带领；②通过电视、网络媒体的了解，对滑雪运动产生喜爱和向往；③学校组织的滑雪活动；④旅行团的项目。

而不参加滑雪运动的原因主要有：①消费成本较高；②附近没有滑雪场，交通不便；③时间成本较高，往返耗时；④技术问题，不会所以不参与；⑤安全担忧。

（四）我国大众滑雪运动社会文化背景分析

2022 年北京冬季奥运会申办的成功，提高了冬季运动项目的知名度与关注度，推动了大众冰雪运动的迅速发展，大众关注度直线攀升。多种多样的推广活动正以北京为中心，向东北、北部和西北辐射，开展得如火如荼。高水平竞技滑雪赛事相继开展，"沸雪"、自由式空中技巧赛事逐渐成为品牌推广赛事，并得到了国内外赞助商的鼎力支持。大众滑雪赛事的开展引领了冬季户外健身的热潮，赛事不设参赛门槛，吸引了众多滑雪者加入。与此同时，大型文化活动表演相继开展。第七届鸟巢欢乐冰雪季以"冰雪鸟巢、激情冬奥"为主题，在鸟巢内搭建了各种冬奥项目体验区，让广大群众了解冰雪文化，扩大影响力。第二届大众冰雪季的开展横跨 15 个省市，组织开展了各类项目的赛事和文化活动总计 26 项。让全国各地的人们都能感受到奥运的氛围和冰雪文化的魅力。除了竞技运动的发展和文化活动的推广，我国大众滑雪产业也逐渐形成系统化的产业链，促进了体育休闲产业、体育旅游行业等相关产业的发展。国内滑雪器材制造业和滑雪运动消费市场也迎来了发展契机。互联网等新兴大众媒体的发展也为大众滑雪运动的推广提供了最便利的传播媒介，人们足不出户，通过网络媒体就能了解各种滑雪资讯。大众滑雪运动已经迎来了最好的发展和推广时机。

二、我国滑雪运动推广者分析

推广者是信息的发布者和行为的发起者，我国大众滑雪运动的推广者主要包括政府机构、社会组织和企业。

（一）我国大众滑雪运动推广的政府机构

1. 国家体育总局冬季运动管理中心

国家体育总局冬季运动管理中心（简称冬运中心）成立于 1994 年，是国家体育总局的直属事业单位，是全面管理我国冬季体育运动项目的行政机构。冬运中心的主要任务是根据国家的体育方针、政策，组织、指导全国冬季运动项目的发展，推动项目的普及与提高，并根据项目的特点和设施开展群众体育活动和经营活动，为所属运动项目的发展积累资金。冬运中心是中国滑冰协会、中国滑雪协会、中国冰球协会、中国冬季两项协会、中国冰壶协会的日常办事机构，负责我国冬季运动项目的国际交往和技术交流，代表中国参加国际体育竞赛，它拥有在我国举办的国际体育活动的审批和组织管理权。中心内设 17 个处级行政部门和 9 个经营实体，有员工 310 人，负责管理首都体育馆、综合训练馆、首都滑冰馆、首体宾馆等多种综合体育设施。目前，冬运中心已形成以冰上项目为主，组织健全、设施先进、功能齐全的为多项体育竞赛和全民健身提供多方面服务的国家级大型体育基地。

冬运中心下设专门业务部门负责大众滑雪运动的赛事、活动的开展和管理。部门名称和管理范围经历了几次变化。20 世纪 90 年代叫作"大众滑雪部"，负责高山滑雪运动竞技比赛和大众比赛及活动的开展。2000 年以后高山滑雪项目规划到滑雪二部，同时负责单板滑雪平行项目竞技、大众比赛和活动的开展。2013 年，大众冰雪部成立。2015 年，高山滑雪和单板平行项目从滑雪二部脱离，并入大众冰雪部。在整个过程中，大众与竞技从未分家。目前，大众冰雪部的职责包括：第一，负责群众性滑冰、滑雪运动的开展及普及，落实全民健身"阳光冰雪计划"；第二，负责冬季项目社会体育指导员的培训及管理工作；第三，负责中国滑冰、滑雪协会对内组织及管理工作（滑冰、滑雪协会对外联系工作由训练竞赛部负责）；第四，负责冬奥会已设项目，但我国未开展项目（如雪橇、雪车）的管理及日常性工作；第五，负责滑雪场地、器材、装备标准的规范管理工作；第六，负责冰场技术委员会的日常性事务等具体工作；第七，负责指导群众性滑冰、滑雪运动的宣传推广和健康发展及规范市场等工作；第八，负责高山滑雪及单板平行大回转项目的管理；第九，完成中心交办的其他工作。

2. 省区市体育局

除了最高级别的大众滑雪运动推广机构，其他推广机构还包括省级、自治区、市级体育局或教育文化管理部门。省区市体育局的职能包括：贯彻实施国家有关体育工作方针、政策、法规，研究和制定当地体育事业发展战略和发展目标；指导和开展群众性体育活动，开展国民体质监测和社会体育指导工作队伍制度建设；指导和推进青少年体育工作；制定综合性运动会和单项体育竞赛计划及管理办法，组织、承办体育竞赛；指导体育宣传工作、调研工作，制定并实施体育培训规划；拟订当地体育设施和场所的布局规划，监督检查体育设施和场所的管理和使用；拟定当地体育产业发展规划，培育和发展体育市场，依法规范体育经营活动；负责当地体育社团的资格审查和业务指导；承办政府交办的其他工作。

（二）我国大众滑雪运动推广的社会组织

社会组织是为了实现特定的目标而有意识地组合起来的社会群体。我国大众滑雪运动推广的社会组织涵盖范围非常广泛，主要包括滑雪协会、社团、俱乐部、学校，以及其他非营利性社会组织。

1. 我国的滑雪协会、社团

中国滑雪协会于 1981 年成立，会址设在北京，是在中华人民共和国民政部登记注册的具有独立法人资格的全国性群众体育社会团体，是自愿结成的，非营利性社会组织，是中华全国体育总会的团体会员，是中国奥林匹克委员会承认的全国性体育运动协会。它是代表中国参加国际滑雪联合会和其他国际雪上组织举办的相应的国际、洲际间雪上各类活动的唯一合法组织。中国滑雪协会受国家体育总局的领导，并接受民政部的业务指导和监督管理。

中国滑雪协会负责组织各项滑雪竞赛，提高滑雪运动成绩；规范与管理以滑雪场地为主的滑雪产业的运营与发展；推广滑雪运动在社会中的普及；发展吸收各项滑雪俱乐部等组织；发展、吸纳从事滑雪相关活动的团体和挚爱滑雪运动的个人为中国滑雪协会的会员。中国滑雪协会是代表国家和大众利益的组织，其宗旨是调动一切积极因素，为普及、发展和提高中国雪上运动，实施"奥运争光计划""全民健身计划"，为建设体育强国，促进社会主义物质文明和精神文明建设服务；为增进与国际雪联、亚洲雪联等国际组织的联系与合作，扩大国际体育交流，增进各国人民之间的友谊服务。

我国部分省市地区也成立了自己的滑雪协会。例如，黑龙江省滑雪协会、北京市滑雪协会、张家口市滑雪协会等等，这些滑雪协会大多数由政府机关部门发起，申请个人或组织需具备法人条件，通过提交审批材料，满足申请条件，由民政局完成审批环节。除了政府发起的协会，我国还有高校组织的滑雪协会和社团。例如，北京大学滑雪协会、清华大学滑雪协会、北京联合大学滑雪社团等等。

2. 滑雪俱乐部

2005 年，中国滑雪协会网站公布了我国已注册的滑雪俱乐部共有 22 个。根据中国滑雪协会注册工作管理暂行规定，所有中国滑雪协会管辖范围内的俱乐部必须每年进行注册，各级各类组织未经注册，不得参加中国滑雪协会主办的滑雪赛事和活动。申请注册的俱乐部需要填写《中国雪协俱乐部资格审核注册表》，上报中国滑雪协会审批，审核通过后将颁发资格证。滑雪俱乐部接收热爱滑雪运动的会员，开展俱乐部活动。

截至 2017 年，中国滑雪协会官网上并没有更新注册俱乐部名单。目前我国存在的未登记注册的滑雪俱乐数量远远超过已登记的俱乐部数量。胡丽丽在 2011 年发表的硕士学位论文《东北地区滑雪俱乐部的演进与发展对策研究》中给出数据，黑龙江、吉林、辽宁三省共有滑雪俱乐部 60 家，仅有 9 家已注册。2013 年，黑龙江省举办了首届全国高山、单板滑雪精英邀请赛，报名参加的俱乐部数量达到 26 个。据统计数据显示，截至 2017 年，我国共有滑雪俱乐部 481 家，会员人数 38021 人，平均每个俱乐部 79 人。

3. 大众滑雪运动推广的学校

学校是学生受教育的场所，是学生获取新的知识、技能，培养良好的道德意志品质的场所，也是我国大众滑雪运动的重要推广者。由于滑雪运动的开展依赖场地和气候条件，能够推广大众滑雪运动的学校集中在北京、东北地区。目前我国有两所高校拥有自己的滑雪场，分别是哈尔滨体育学院和沈阳体育学院，这两所体育院校开设了滑雪课程，使大批在校学生走进滑雪场，学习滑雪运动知识，亲自体验滑雪运动。在北京，许多高校无法为学生提供滑雪场地，学生自发组织校级滑雪协会，与北京周边雪场合作，为学生提供优惠的滑雪价格。北京高校滑雪联盟也因此营运而生，成为大众滑雪运动在学生群体中开展的重要推广者。一些中小学也与北京周边滑雪场开展合作，为学生提供滑雪体验课程，培养学生对滑雪运动的兴趣。

另外一个重要的大众滑雪运动推广者是滑雪学校。滑雪学校的师资队伍通常由滑雪场的滑雪指导员组成，最初的发展是基于滑雪场游客的需要，后来发展为独立的滑雪学校，可以举办滑雪指导员培训、普通滑雪者教学、儿童滑雪课程等等。滑雪学校为我国大众滑雪运动技术的专业化发展提供了保障。

（三）我国大众滑雪运动推广的企业

滑雪是一项集合了体育运动和休闲旅游的项目，其中涉及多种行业领域。滑雪场里的每一件设备，滑雪者身上的每一件装备都是一种产业。例如，缆车、造雪机、压雪机、雪板、雪鞋、雪服、头盔、滑雪眼镜等等。这些产业需要大量的相关企业作为支撑。那么这些与滑雪事业息息相关的企业也就成为我国大众滑雪运动的重要推广者。

近几年，国内外企业介入滑雪市场的热情正在逐渐升温，万科集团在吉林投入 400 亿元打造的国际级松花湖度假区已于 2015 年开幕，这是万科集团成立 30 周年以来，首次涉足滑雪度假产业。万达集团 2013 年投资 200 亿元建造的哈尔滨万达文化旅游城于 2017 年 6 月 30 日开业，其中包括可同时容纳 1500 人滑雪的室内滑雪场。探路者计划开建第一家滑雪场，力争在 2021 年突破 50 家，并将与旅行事业群协同发展，建成以冰雪文化为核心的户外文化体验中心。

中国滑雪市场蕴含的巨大商机也吸引了大量国外资本。2015 年，新加坡企业高鸿置地计划投资 150 亿元，在虹桥机场附近建设一个 70 万平方米的世界最大室内滑雪场——上海"冰雪之都"，可容纳 2000 人滑雪。开业时间将在 2022 年北京冬奥会之前。奥地利 AST（中国）公司准备在南方的省会城市和一些经济发达地区投资建设室内滑雪馆。该公司已在国内签署了三个冰雪主题公园旅游投资项目，总投资超过 70 亿元。

我国的滑雪相关企业，从滑雪场建设、设备基建、场地设施、滑雪服装、器材到滑雪场标准化管理和专业技术管理人才培训，业务范围涵盖室内外滑雪场、滑雪学校、营地、城市冰雪主题公园等项目的投资咨询、规划设计、开发建设、人才培训、经营管理及活动策划等方面，为我国大众滑雪事业的发展提供多方位的支持。

第二节　新媒体背景下滑雪运动的推广传播研究

一、新媒体背景下滑雪运动传播的机遇

（一）新媒体

清华大学熊澄宇教授在《数字媒体作品剖析》一书中认为，"媒体的新与旧只是相对于时间而言，现在的新是相对于之前的旧而言"。目前而言，新的媒介形式主要是结合互联网发展而形成的内容形式，包括文字、声音和视频语言等。从历史的角度而言，技术的发展会不断更新和前进，

而现如今的媒介形式也会不断地发展和被取代。

针对目前并没有准确定义的新媒体时代，存在着很多的争议和非专业性，有些专家认为只有微博和微信等社交媒介属于新媒体，而有些人则认为智能电视、智能手机和移动互联网媒介都属于新媒体。

综合以上观点，笔者认为，针对新媒体的定义，可以从下面几个方面来确定：

第一，新技术。无论是社交网络还是智能电视，都离不开技术的发展和推动，在这个时间范围内的新兴媒体，归根到底是技术的革新和发展，都离不开移动互联网和网络普及的大众化。

第二，新渠道。新媒体与旧媒体的区别，不仅仅是技术的区别，同样也具有明显的时代因素，如渠道的不同。当下媒体营销的形式多种多样，以往被忽视的渠道和方式已经越来越多地被重视和发掘，如城市商圈楼宇外部的电视 LED 屏幕、手机 App 广告等，都是新的媒介形式。

第三，新理念。无论是技术还是渠道的更新，归根到底媒体的内核才是最主要的，新与旧的区别一定是理念和内容上的创新，这才是定义和判断新媒体的根本参考。以往的媒体是报纸和广播，让受众者借助这些用整段的时间和精力来获取信息；而现在的新媒体，越来越多的人利用微博、微信和视频平台，让普通网民利用手机在闲暇时间自己掌控信息的读取和获得形式，信息的分类越来越碎片化和精细化，也更具有针对性和准确性，提高了媒体的传播效率。通过这种理念上的更新和变革，让人们更好更容易地接受新媒体，这是新媒体"最新"之处。

（二）新媒体背景下滑雪运动传播的机遇

滑雪运动在传播过程中，有机遇也有挑战。一项运动的传播过程中首先是国家政策的支持。在新媒体环境下，传播渠道多样加上内容的丰富性、传播交互性强，增强了传受互动，推动了滑雪运动的传播，更重要的是新媒介环境有利于滑雪文化的塑造。

1. 国家政策的支持

北京申办 2022 年冬奥会给滑雪运动的发展带来契机。"通过政府敦促、政策带动、宣传鼓励等策略，推动 3 亿人上冰雪"的目标，国内滑雪运动的气氛到达高潮。国家出台了一系列政策，如《冰雪运动发展规划（2016—2025 年）》《关于加快冰雪运动发展的意见（2016—2022 年）》等。深切落实党的几个会议精神，广泛开展冰雪赛事和群众活动，扩展冰雪运动产品和服务提供，全盘提高冰雪运动的竞技性，让冰雪运动的普及面更广，加速塑造政府带头引导、社会协调合作、群众积极参与的发展局面，逐渐提升群众的健康水平。继续扩大宣传力度，利用各大媒体开展种类丰富的冰雪运动宣传活动，打造一种气氛活跃的冰雪体育文化，指引群众形成较好的运动和消费习惯，对冰雪运动的参与更加踊跃。

2. 经济发展为滑雪运动传播提供机会

社会经济的急速发展，使人民生活水平提升得较快，加上滑雪运动自身特有的魅力，我国大众滑雪运动正以一种急速、让所有人都未曾料到的情形成长着。我国经济的发展涌现出一大部分高消费人群，加上滑雪运动本身也很有吸引力，抓住了这部分人的视线，带动了滑雪产业的发展。滑雪是一项高雅而时尚的运动。滑雪运动能够让参与者体会到冬季户外运动的太多趣味，提高人们抵抗寒冷的能力，塑造强健的体格，还可以让参与者形成坚定果敢、沉着自信的品质。面对滑雪人口大幅度增加，滑雪运动的传播显得异常重要，新媒体为这日渐增长的滑雪人群提供了信息服务。

3. 新媒体在传播中的优势

新媒体传播速度快。新媒体的覆盖的范围比较宽广，没有区域的限制，所有相关信息都能够快速传递。另外人们对于信息的搜索也特别便捷。使用新媒体对滑雪信息进行传播，受众对信息的接收也很方便快速，可以让大众速度了解滑雪相关信息，实时通过新的训练方法和技术来引导滑雪运动的发展。

新媒体传播形式多样。新媒体对滑雪信息的传播形式是丰富多样的，包括照片、视频等，也可以打造一款游戏，在玩的过程中传播信息。另外这几种传播方式可以整合，不再跟以前一样，仅限于使用文字。运用类型多样的新媒体进行传播，能够提升用户获取滑雪信息的强烈愿望，也让初学者更易吸收。新媒体是使用了非常先进的科技，扩大了储存信息的空间，对于滑雪信息的传播过程而言，不单单能够给予更充足的信息，并且所需要的空间也比原来的媒介要少很多。人们可以通过网络移动媒介来对滑雪运动有更深的了解，也可以用远程授课的方式来提升自身的滑雪技术。

新媒体传播交互性强。新媒体对于信息的传播很灵活，原来的媒介只可以用书信、电话或是面对面的沟通交流。现在新媒体技术的发展，能够实现人们实时进行信息的交互，为传播者和接受者的良好交流提供方便。新媒体传播信息具备相当强的灵活性，传统媒体只能利用书信、电话或是面对面的彼此交流，而利用新媒体技术，可以随时随地在线进行信息反馈，更好地利于传播者和受众之间的交流。

4.滑雪文化的塑造

利用新媒介平台，把冰雪文化传递到全国。新媒介的影响很大，和原来的媒介比较而言，新媒介不再因为时间、空间和地域的限制，在信息的取得、展现和存储上更多样。基于新媒体展开冰雪运动文化的宣传，也能够更加的灵活、新鲜，紧跟流行文化的变化趋势，以人际交往为主要联系的自媒体，也能够更加深入地发挥宣传的"口碑作用"。新媒介同样也是冰雪运动参与实际样态的展示渠道，在微博搜索冰雪运动的话题可以看到各式各样官方和非官方的冰雪运动内容，信息中既包含了良性鼓励发展的信息，也包含了一些负面的内容消息。因此在信息的反向利用层面上，新媒介平台同样也可以作为官方评价民间冰雪运动文化生产状态的重要依据。

发挥自媒体的优势，自己形成拥有民族特色的冰雪文化。冰雪运动文化的发展离不开群众的支持和参与。在一些经济发展较迟缓的地区，群众对冰雪运动的接受程度也会比较低。而冰雪运动参与者和爱好者通过实际参与冰雪运动，能够在自我感受的阈值内，自发地产生冰雪运动的亚文化。冰雪运动文化的自生产能够有效地帮助我国冰雪运动资源集聚地摆脱单一的冰雪运动旅游模式，多重层面的优化国内冰雪运动资源配置。

二、网络、新媒体对滑雪信息的传播现状分析

网络是信息交流和传达非常重要的传播渠道，对现今信息传播的方式和普通群众对于知识的获取和传达有很大的影响，传播是信息的产生、汇聚和获取的中心环节，有着承前启后的作用。

网络滑雪资讯平台包括：综合网站滑冰频道、专业滑雪网站、传统媒体网络版平台户外网站的滑雪板块和滑雪场网站等（见表3-1～表3-3）。

表 3-1　综合网站冰雪频道

名称	运营方	介绍
新浪冰雪	新浪体育	向网友提供全面冰雪装备信息、运动教学、场地信息
腾讯冰雪	腾讯体育	除生产、传播优质的冰雪节目资讯外，还扮演冰雪产业链各方桥梁
网易冰雪	网易体育	包括新闻、赛事、专题、图片和视频、赛程日历和项目的详细介绍等
搜狐冰雪	搜狐体育	包括热点新闻、滑雪酷玩、装备教学、赛程策划等几大部分

表 3-2　传统媒体网络版平台

名称	运营方	介绍
人民网	人民日报	人民网的体育频道有冰雪栏目，分为：2022 年冬奥会筹备进行时、2016 冬博会、官方信息、竞技动态、大众冰雪、冰雪产业和冰雪知识等
新华网	新华社	新华网的体育频道有冰雪运动栏目，见证我国冰雪运动全面发展。按照时间顺序以图文新闻形式发布关于冰雪运动的资讯
央视网	中国网络电视台	央视网的综合体育中冰雪轮播频道 24 小时播不停。资讯、视频、冬奥会内容和冰雪盛宴是其主要组成部分。另外，体育相关栏目中每期会有不同的冰雪热点的推送

表 3-3　专业滑雪网站

名称	运营方	介绍
中国滑雪协会网站	北京华奥星空科技有限公司	包括国内动态、国际信息、赛事和协会信息，其中资讯类新闻大多以组图的形式发布
SHREDDERR单板滑雪网	北京紫凌翔禹商贸有限公司	SHREDDERR. COM 在记录中国单板滑雪运动发展的同时也为雪友们提供全球性的单板资讯
我要滑雪网	北京九州健讯科技有限公司	包括雪场地图、新闻资讯、雪场活动、雪票预订、滑雪教程和酷炫视频
滑雪族	北京雪族科技有限公司	国内首家滑雪垂直社交服务平台，线上涵盖订雪票、约教练、交流体验心得
GOSKI	北京自然力量科技贸易发展有限公司	专业的滑雪社交平台，优质教学、最惠雪票、最详尽的单双板滑雪教学视频免费收看

　　除去以上表格中罗列的这些，户外网站的滑雪板块，如绿野户外网站中有绿野滑雪板块，通过用户在论坛发帖传播滑雪信息，进行交流。各大滑雪场也通过自己的网站发布滑雪信息，线下在滑雪场内部也会进行滑雪信息的传播。

　　对于索契冬奥会的报道，腾讯阵容很大，一共有 60 人的规模，其中 13 人参与前方报道，包括文字记者、图片记者、策划、主持人、摄像师和后勤人员，负责现场新闻资讯获取及编辑、前方访谈节目录制与制作。制作内容包括每天三档常规专题、七档综述类专题和五大项目专题。冬奥会期间一共发布文字新闻 3974 条、组图报道 684 条、视频报道 1167 条，其中可视化报道占新闻总量的 46.6%。作为新兴社交媒体代表，在冬奥会期间，新浪体育发布了 574 条消息，CCTV－5 发布了 732 条消息，分别占该时段总发布了的 22.8% 和 51.1%。

滑雪信息的传播不只是在网站平台上，更多的信息来源于"两微一端"。滑雪类微信公众号主要有滑雪族、SKI 滑雪、GOSKI、滑呗有你、冰雪产业。

专业的滑雪 App 针对的用户更加明确，常用的滑雪 App 有：滑雪圈、滑雪助手、GOSKI、滑呗和熊猫滑雪等。

下面以"滑呗"App 进行分析："滑呗"用影像进行社交，用影像把每一个滑雪人的精彩一面拍摄下来，用特别酷炫的相片让越来越多的人走进滑雪圈，慢慢感受和爱上这项运动，把人们滑雪运动的轨迹和各项数据做下记录，为未来其他功能的扩展提供了可能。

滑雪运动是一个对自我能力逐步提升的竞技性的体育项目，"滑呗"也照顾到所有滑雪者的互相交流方面，新雪季所有的级别认证对用户全部开放，用户之间可以定级别，促进了用户使用该 App 的积极一面，这个重大的革新操作使滑雪者在自己的滑雪群中进行转发传播，在一定水平上落实了客户端的自我传播。

滑雪运动的学习是永远都没有尽头的，这就是滑雪的最大魅力。用酷炫的滑雪视频让人们深深的震撼和激情澎湃。"滑呗"有滑雪视频教学，通过让人们欣赏国内外的精彩滑雪视频来汇聚更多的新滑雪者和爱好者。在个人动态中发布视频，和其他人进行实时交流。"滑呗"的在线一对一视频教学也是特别之处，是对在滑雪场没有办法进行教学这个困难的完美解决，可以让使用者实时进行互帮互助。国外，在滑雪场通常见到的教学都是使用软件进行的。使用镜头来直接进行教学指导对学习效率也是一种提升，仿佛是一个专属的指导员。

三、新媒体背景下滑雪运动推广要素嬗变与优化

（一）滑雪运动传播要素的嬗变

1. 传播主体的嬗变

滑雪这项运动的传播主体包括政府、组织和个人三个层面。在之前的媒体传播时代，政府机构是这项运动传播推广的主力军。在如今新媒体发展的媒介环境下，媒体的格局变化很大，传播主体之间的平衡被打破，发生了翻天覆地的变化。显而易见的是，政府的主导力量在减弱，非官方组织正在崛起，个人的影响力度正在不断扩大。

新媒体环境下产生新的传播形式，会对每一个受众的主体地位给予充分的尊重，每个人都可以按照自己的意愿去自由独立推送信息，大家有了更多的探索意愿和主动参与的可能。每个独立的个体都可以去发表自己对滑雪这项运动的感受和见解。无论是打造精英滑雪联赛，通过滑雪传递冬季运动魅力的企业，还是在各大滑雪场开办滑雪学校和冬令营，以及在网上开专栏介绍滑雪那些事的奥玛，都充分体现了非官方组织和个人逐渐成为滑雪运动传播中的主力军，影响不容小觑。除此以外，传播主体的变化还会体现在传递和接受两方的界限逐渐模糊，个人不但是这项运动的传播主体，同时也是它的重要受众之一，他们在这两个角色上分不清孰轻孰重。任何一个普通人只要懂得一些使用媒介的技能，他们就可以是这项运动的受众，在获取相关信息的时候，也会传达自己的意见和见解，成为这项运动的传播和推广的人。

2. 传播内容的嬗变

在传统媒体为主力军的媒介环境下，滑雪运动往往是政府机构去传播的，他们会从高层面去报道，把滑雪文化和价值加上冬奥会赛事成绩等看成是传播当中最重要的内容。滑雪本身的魅力，它能给普通人带来的感受和体验是被忽略了的，这种传播形式和内容的差别让我们在接纳这项运动或者说喜爱上这项运动的可能性降低了。

但是在当今这样开放的媒介环境下，每个人对于滑雪这个运动的体会认知和感受都会成为最重要的传播内容，滑雪运动的传播内容逐渐多样起来，不仅会提供滑雪资讯和现场新闻报道，而且会更多去挖掘其背后的故事，丰富传播的内容。报纸上不限于对赛事的现场报道，更多转向深度报道，挖掘滑雪背后的故事；专业滑雪杂志一方面提供专业性强的内容，另一方面会刊登服务性信息，比如滑雪器材的选择和滑雪场的相关信息等；因为车载广播的发展和网络广播的兴起，广播更多地会提供如天气、交通等信息，给滑雪爱好者的出行带来方便；在互联网上，因为网络具有连通和开放性，而且内容多元化，每个喜欢滑雪的人会排除掉地域和其他障碍限制对于滑雪信息的了解，他可以在网络上搜寻所有的滑雪相关信息，包括国外的。互联网因为自身的优势，可以使人们更加快速地获取关于滑雪相关的讯息。不同地方爱好滑雪的人也可以通过网络进行交流，分享自己对于滑雪的了解和心得体会等。再如滑雪类电视节目的出现，例如，天津卫视《冰雪奇迹》、北京卫视《跨界冰雪王》等，通过故事、情景互动感染观众，让人们深陷其中，感受滑雪的独特魅力。这些变化会让滑雪运动传播的内容逐渐丰富多彩。

3. 传播受众的嬗变

在之前的媒介环境下，在滑雪运动的传播中，传播者是主导，可以决定传播内容和途径，受众作为一个被动的接受者，对滑雪信息的获取没有自主性和决定权，对于传递过来的信息是接受还是拒绝都没有办法改变传播者传达什么样的内容。

在现在的媒体环境下，新媒体力量的突起，使受众不再是传统传播过程中的被动接收者，他也拥有传播者的角色地位，不但可以直接参与到传播过程中，而且对于传播效果是可以主动去鉴别和反馈的，是一种循环的传播模式，受众的某些个性化需求也受到足够的重视。曾经有人说过：我国体育文化基础本来就很薄弱，在传播的过程中必须对它的受众进行精细化，站在他们的角度去思考问题，了解需求，进而传播的针对性就比较强。滑雪运动的传播也是这样的，每个滑雪者获取信息的渠道都是不一致的，所以要根据他们的爱好特点等去选择合适的传播渠道和传播内容。在如今这样的媒介环境下，受众主导性的上升让他们可能成为传播活动的关键，受众身份的变化促使传媒在传播活动中重视受众的存在，这在某种程度上给滑雪运动的传播带来压力和挑战，但也带来了更多的机遇，会更有利于这项运动的传播推广。

4. 传播路径的嬗变

滑雪运动的内涵很多很广，并且其中更深层次的东西很复杂，这些东西都不是几本书、几个视频图片就可以讲明白的。在我国受众基础比较薄弱的现在，对于滑雪运动的传播是一个长期反复的过程，它会是一个反复信息输出的模式。在以前，滑雪运动主要是通过报纸和专业杂志去刊登一些资讯，电视台去现场直播一些比赛，以这样的方式进行传播。不管是人际沟通还是传统媒体的报道，都会受到诸如地域、时间和空间的障碍，这样的传播过程属于单向度传播。但是在如今的媒介环境下，传播打破了这些限制，让滑雪信息可以通过图片、文字、声音、影像等各种各样的形式，搭载各种新的传播载体去传播推广，使信息可以及时地进行互动交流。在新媒体环境下，滑雪运动的受众可以通过多样的传媒没有任何限制地去接收信息而且能实时反馈，从以前的单向传播转变为现在的深度互动传播，传播者和接受者之间的互动增强，成功实现了及时交流反馈和建议。滑雪运动的传播可以分为线上传播和线下传播。线下传播有：滑雪场、滑雪商店、滑雪活动、滑雪雪友、俱乐部，这些都是一个个的发展的。线上传播有：App、微信群、朋友圈、QQ滑雪群、微信公众号以及绿野等滑雪网站。

（二）滑雪运动传播要素的优化策略

任何一个信息的传播都离不开传播主体、内容、媒介和受众，滑雪运动的传播也是这样。传播主体在传播过程的第一环节，是一个传播活动的提出者，也是传播内容的发送者，所以在研究滑雪运动传播时一定要从传播主体开始。传播主体和受众之间的信息就是他们共同所感兴趣的，是信息、符号、传播的文本，也就是传播的内容。传播媒介也是传播的渠道和载体，所有事物的宣传推广和传播媒介是分不开的。受众是传播活动的终点，也是最关键的一点，他是一个传播活动能不能存在或者有没有意义的决定者，受众的表现是传播效果的展示窗口，失去了受众的评价和建议，我们就无法知道整个传播活动的效果，达不到最终的目的。在如今的媒介环境下，每个部分都会对滑雪运动的传播效果产生影响，所以对不同的部分都要有对应的传播策略，以此达到最优传播效果。

1. 主体传播策略

一定要对交往活动给予重视，可以用一个个鲜明的案例去展示滑雪，让滑雪运动的传播得到认可。社会分工和利益取向的不一致，滑雪运动的传播主体也不会一样，也会存在很多个传播主体的可能。为了能够让滑雪运动的传播发展得更快一点，就一定要加大传播主体间的交流和沟通的力度。

在现在的媒体环境下给予传播活动异常丰富的资源，在某种程度上提升了传播的便利性，滑雪运动的传播必须运用好这个资源优势，各主体的作用要充分发挥好。在对这项运动进行深入宣传时，应该注意加强主体间的交流，尽量减少滑雪运动信息传播的不统一，这样会误导受众。报纸会在新的媒介大环境下开展电子版，让纸质版和电子版内容一致，另外在其他对应的新媒体平台上也会保证信息的一致性。在一个大的媒介集团下，无论是平面媒体还是网络媒体，都应该加强相互交流。

在进行滑雪运动的传播时，因为文化素质的差别，在一个设置好的场景中，运用有故事的情节化来传播滑雪知识，似乎让人们接受起来比较容易一点，可以帮助大众对于滑雪有一个更好的认知。在传播滑雪运动过程中有效利用个体叙事的方法，运用很有感染力的一个个滑雪故事，一方面扩展了滑雪运动传播的信息数量和覆盖率，另一方面也会让受众对滑雪运动有了更深的认知和好感，让他们因此爱上滑雪。对于一项运动由衷的热爱，那么传播过程就会变得很简单了。

中国第一位全国滑雪冠军单兆鉴用自己的亲身经历通过讲座给人们上了一堂"冰雪盛宴"，呼吁大家积极投身到冰雪运动中去，为2022冬奥会尽一份绵薄之力。单兆鉴作为我国第一位全国滑雪冠军，在滑雪方面有着绝对的权威，所以通过讲座让更多的人去懂滑雪、热爱滑雪，这种面对面的叙事传播效果更好。

用个人叙事的影响力为滑雪运动的传播助力，不仅要充分活跃人们参与这项运动的激情，也要运用新时代意见领袖的影响力，比如政府的领导、知名专家学者、媒体人和明星等具有重大影响利的人，让他们成为滑雪故事的表述者、滑雪情感的体验者、滑雪形象的力挺者。

2. 内容传播策略

现在传播环境越来越复杂，受众的要求也越来越高。在这种情况下，传播主体并不只是简单的信息传递，更要是一种精细化的触点传播。现如今的时代，信息量有爆发之势，传统和新媒体交叉，触点很多，然而每一个触点又是独立的，人们通过这些点获取的信息会加深对滑雪的认知程度。滑雪运动是一个整体，里面的内容很多，每一个内容都会让某些受众有别样的感受，得到的反应也是不同的。滑雪运动在传播过程中比较在意受众对这些触点的接受和反应，在合适的时间、地点用最佳手段给人们传递他们最想知道和了解的信息，由此来扩大滑雪运动的传播面和覆盖率，把滑雪运动传播到我国的各个地方。自从申办冬奥会成功以后，好像一下激发了大家对于冰雪运动的向往和热情。寒假和春节的临近，各大滑雪场的人数激增。可是在河北崇礼发生了两件因为滑雪造成的安全事故。这些惨痛的事件在给滑雪人群敲响警钟的同时，也让滑雪信息的传播者有了更深刻的认知，在传播信息中，借助这些"热点"，适时推出滑雪防护措施的介绍和避免伤害的保护知识才是最重要的。进行滑雪运动需要有基础，在滑雪之前要做好各项准备工作，避免给自己和他人带来安全隐患。

滑雪运动是传播依据目标受众不同其传播的滑雪信息也会不同，包括滑雪技术、文化等方方面面。在如今的媒介环境下，滑雪信息非常丰富，不同的信息也会有不同的传播角度和方向，对于信息的有效传播不是对人们进行信息轰炸，大量信息的堆积只会让人们在海量的信息中无法自拔，很难分清主次，寻找到需要的重点。在滑雪运动的传播中要进行分阶段传播，掌握好信息的传播节奏，主次分明，重点突出，并且要根据不同时间节点进行对应的宣传推广，根据需要调整重点内容，给予受众更多的时间去理解和接受。滑雪运动在我国是一种季节性运动，传媒对于滑雪运动的报道会由于雪季而传播节奏不同。滑雪运动的传播分为雪季前、中、后三个阶段。

例如，报道中国精英滑雪联赛时，在雪季前就开始准备，进行大量赛事宣传；雪季中即比赛期间会增加力度进行全方位报道；雪季后期会增加一些技术分析和滑雪视频的报道。另外，根据清博大数据分析，在每年的10—11月期间，就微信平台而言，各公众号会更多地关注滑雪的准备工作和滑雪防护方面的资讯；11月底到次年1月一般更多的关注滑雪赛事和滑雪技术分析。这些根据雪季的分段传播，尽可能满足受众在不同阶段对于滑雪信息的需求。在调查问卷中，有一个开放性问题："您在非雪季有哪些需求？"整理研究发现，大部分受众在非雪季都会有关于滑雪信息的需求，在自己所在地有哪些滑雪场、滑雪技术方面的分析和指导等。

3. 受众传播策略

对于传统媒体来说，新媒体最重要的特点就是对受众进行细分，随着媒介环境的变化，对受众的细分有了更加严格的要求。滑雪运动传播的受众面很宽泛，囊括政府领导和普通大众等各个领域的群众在内，因为他们各自的生活方式和对信息关注的不同，所以他们对传媒有自己的选择和倾向。受众的多样性意味着在传播过程中不能"眉毛胡子一把抓"，应该针对受众的差异性，区分不同点，这样进行有效传播。在对于滑雪信息的传递过程中，受众是信息的最后接收人，所以一定要深入了解他们的需求，依据他们的不同需要，选择合适的形式传递对应的信息，进而能够收获最佳传播效果。调查问卷中显示，大部分滑雪爱好者都是年轻人，而在滑雪爱好者当中，有些是偏向于专业选手，有些仅仅把滑雪当作爱好，丰富个人业余生活。所以传媒在进行滑雪运动传播时，注重分析不同受众对于滑雪信息的不同需求，针对性传播。部分媒体公司不仅做信息告知，同时整合不同行业，进行跨行业调配，如信息传播和旅游结合，组织线上、线下活动，有利于造势和对滑雪场的宣传。

经济的发展带来社会的进步，人们的主体地位在提高，很多营销机构会精心设计一些消费体验活动，让人们去切身感受，使人们的需求得到充分满足，进而达到最佳营销效果。对于滑雪运动的传播也可以参照这种方式，让人们去自己体验。但是对于滑雪运动的体验不要局限在滑雪教学，应该包括滑雪文化生活的体验。例如，邀请人们去国外的滑雪之乡，近距离感受滑雪文化，全方位体验滑雪人群的日常生活和人文风情，然后他们就会自己领略到滑雪文化。在滑雪运动的传播中，所有的活动策划和开展都要注重受众的体验和诉求，特别是在滑雪文化方面，可以增加滑雪爱好者和国外滑雪者之间的交流，激活他们的文化诉求，提高他们对滑雪文化的认可度。

在2017年雪季后期，精英滑雪联赛创始人带着我国最具感染力的滑雪者，来到了美国的Jackson Hole滑雪场。这场滑雪之旅后，推出一篇美国 Jackson Hole 滑雪攻略。这种根据真实体验写成的攻略非常具有实用性。首先从出发前的准备到出发当天的飞机转乘等各种注意事项一一列出，到达目的地后住宿的酒店也展示出来，告诉我们小镇上有多个直达雪场的公交车。然后推荐大家下载 Jackson Hole 的 App，上面会有地图，可以进行定位，很方便，也可以查看当地的天气情况，为出行做好充足准备。之后介绍滑雪场情况和救援措施等，最后展示了周边一些吃喝玩乐的情况。整篇攻略详细写了这次滑雪之旅的过程，是一种体验之后的传播，让受众可以清晰明白想要获取的信息点，更易于接受。

4. 媒介传播策略

在新的媒介环境中，一样的滑雪信息会经过不同的媒介传送出去，因为传播主体不一致，并且各个主体的独立感增强，不同的传播主体和媒介在制作和传播滑雪信息时都会有明确的自身特点，他们对信息有着自己的判断和传播侧重以及评价标准，这就会导致信息不一致的情况。假如这些信息传递出去是不一致的，就会导致信息传播环境的混乱，让受众迷失，直到失去对于内容和传媒的信任。所以在滑雪信息的传播过程中，一定要对其有着清楚的定位，从而去保障信息传播的一致性。通过整理近两个月微信公众号发布的内容发现，在滑雪类微信公众号中，经常出现两个微信公众号互推或者转载另一个微信公众号发布的内容。例如，GOSKI 和滑雪族两个微信公众号经常互相转载，这样保证了传播滑雪信息的一致性。在公众号制作内容时，其中转载的性价比最高，不过这也是对编辑的一种考量，他们是否有对内容的敏感和准确判断。现在的网络信息鱼龙混杂，为了保证信息的统一传播，对于某个事件的前因后果、内涵和外延都要有深度了解，对传播中信息掌控能力的要求比较高。

分媒介传播，因为不同的传播内容而选择在合适的媒介上进行传播。同一事件针对不同媒介其传播形式也是不同的。报纸杂志、广播电视和网络等多种媒介在我们的生活中无处不在，但是因为生活环境的差异、区域的分别，大众对于媒介的接触频率也会不同。可是每个媒介都存在一定的局限性，没有办法覆盖所有的受众。例如，网络在发达地区的覆盖率就比落后地区高，由于地区差异，某些地区接收信息的来源还是依靠传统媒介，鲜少涉及互联网这些新兴媒体。不仅如此，有些内容仅适合在某种媒介上进行传播，例如，报纸杂志因为其有公信力，人们更加信任它们的报道和信息，所以深度报道适合在这样的媒介上推送；滑雪赛事因为其视觉冲击力强，比较适合在电视这类媒体上播放；而服务性信息就比较适合在网络上推送，实时关注人们的需求，进行有效沟通。不管是哪种媒介，在信息传播的时候都会有自己的优势，对于滑雪信息的传播需要各大媒介间的配合，发挥自身优势，这样才可以达到更好的传播效果。

对于强势的大众媒体，如中央电视台，在报道重大赛事如奥运会时有报道权，但是在移动端体验不好，这是需要改进的；滑雪 App 与赛事结合，丰富更多传播内容；GOSKI 是有自己的装备销售渠道的，可线上和线下结合对滑雪运动进行传播。

第四章　我国滑雪产业的发展与改革研究

第一节　滑雪产业发展的理论基础

一、产业经济学基本理念

（一）产业经济学概念

产业经济学又称产业组织学或产业组织理论，是从应用经济学中发展而来的应用经济学的重要分支。最初产业经济学并不被认为是独立经济学科。20 世纪 70 年代后，经过不断发展产业经济学才得到公认，成为一门独立的学科。产业经济学起源较早，可追溯到马歇尔经济学，甚至亚当·斯密经济学阶段。许多学者认为产业经济学源于美国，产生于 20 世纪 30 年代。产业经济学理论发展的第一阶段是 1930 年到 1970 年，这个阶段产业经济学研究的代表作是贝恩在 1959 年出版的《产业组织论》，是最早对产业经济学进行系统论述的著作，标志着产业经济学理论体系的形成。该书出版后一直被作为西方经济学教材使用。1970 年，产业经济学发展进入第二阶段，该阶段的主要研究开始围绕《产业组织与公共政策论文选》，至此产业经济学理论体系初步成熟，在各个方面都获得了较大发展。

（二）产业经济学理论流派

1. 哈佛学派

哈佛学派是产业经济学理论流派中的重要学派，奠基了产业经济学的发展，该学派形成于 20 世纪 30 年代，以梅森和贝恩为代表。哈佛学派在产业经济学理论研究中建立了完整的 SCP 理论范式。SCP 范式标志着产业经济学的初步成熟，代表产业经济学成为相对独立的经济学科，研究也因此走向系统化研究阶段。霍特林和兰开斯特作为哈佛学派的代表人物为产业经济学中推销、营销等问题的研究做出了巨大贡献。

2. 芝加哥学派

20 世纪 60 年代，许多来自芝加哥的经济学家对 SCP 范式提出了批评，SCP 范式自此开始逐渐衰落，芝加哥学派则渐渐成为主流学派。芝加哥学派与 SCP 范式研究的侧重点有所不同，注重市场结构和效率研究，更加关心产业竞争关系。该学派的主要代表人物是施蒂格勒。施蒂格勒对产业经济学有开创性研究，在 1982 年获得诺贝尔经济学奖。施蒂格勒曾出版过《产业组织》一书，该书的出版标志着芝加哥学派在产业经济学理论研究上已达到成熟阶段。

3. 奥地利学派

奥地利学派出现于 20 世纪 70 年代，该学派引入了新的理论和研究方法，所以在产业经济学理论研究、理论基础、分析手段等方面都有了实质性的突破。该学派的诞生大大推动了产业经济学理论发展，使产业经济学走向了成熟。该阶段的代表作是泰勒尔在 1988 年出版的《产业组织理论》，该书的出版立即引起了轰动，成为各大高校最具权威性的产业经济学教科书。该学派在研究中不仅继承了芝加哥学派的成果，更在此基础上取得了新的进展，成为 20 世纪最为主要的产业经济学理论流派。

（三）产业经济学理论地位

1. 从现代经济学科角度分析产业经济学理论的地位

从现代经济学上看，产业经济学作为众多内容中的一个体系，内容较为完整。从经济内容体系中看，产业经济学随着经济在生活中的重要性的提升，也越来越规范化和广泛化。作为二级学科，每个学科都有其特殊性。产业经济学展示的是组织产业结构的特殊性，有助于人们认识经济规律的潜在规律，更能够成为人们进行经济行为的工具。产业经济学理论不仅从概念上展示其专业的细化特质，更从其研究内容上可以看出经济产业分析的深入化。产业经济理论的完善和发展更能够促进整体现代经济的发展。

2. 从微观经济学角度分析产业经济学理论地位

从微观经济学角度出发，产业经济学理论也是对其深入和细化的过程。微观经济学理论作为经济学的一个重要组成部分，对于企业和个人在经济活动中的细化分析，都是为了找到经济运行规律服务的。只有认真研究，才能看到企业经济学的个体作用，更能够从社会发展中，找到其相应的经济位置，从根本规律出发，找到产业经济学的相关组织结构地位，促进微观经济学的深入化和完善化，这也是和产业经济学的相关企业分工特点相符合的一个特性。

3. 从宏观经济学角度分析产业经济学理论地位

从宏观经济学角度可以看到在经济学的发展过程中，整个社会政局对经济发展的影响性。这样的关系不仅是促进作用，还有阻碍和停滞不前的时期。但是每个时期都应该根据各自的特点，结合相关的理论框架发展经济。产业经济学从这样的整体出发，结合当前国民经济的特点，从而对经济结构起到广域上的整体量上的促进，能够促进国民经济的多样化和深入化。

（四）产业经济学应用性质

1. 产业经济学理论经济性质

产业经济学理论可以从其理论经济学角度出发，以经济学基础为导向，结合基本的研究规律能够促进整个经济制度的公平化发展，更能够提高经济理论发展的效率。经济体制的合理性出发，从经济体制的相关功能能够促进经济体制的发展和完善，更能够使得经济发展的模式多样化。经济模式和经济活动的相关规律可以包含众多学科，包括政治经济学的相关理论，从微观和宏观经济学的基本理论出发，结合应用经济学的相关理论基础，让其更实用。产业经济学的理论经济性质，就是结合实际情况，使其更加具体化和实用性增强。

2. 产业经济学应用经济学性质

产业经济学在其相关的理论研究过程中，应该注意到其应用经济性质从其研究的相关课题上看，产业经济学的性质不仅仅包括规模经济的相关讨论，也不只是相关的竞争问题和垄断问题，还有相关合并和产业结构发展问题，应该注意到产业经济学理论的应用性结合。产业结构的合理化应该注意到经济发展的方向性问题，产业经济学的应用性质，从国家的不同特点、地区的不同情况出发，应该是符合当地特殊情况的。这样的发展过程才能够促进产业经济学的应用经济学性质，更能够促进产业结构合理化研究，促进产业经济学应用经济学性质的凸显。

3. 经济学理论对应用性质的影响

在经济学理论的发展过程中，对于经济学理论的研究是不断发展的，对于产业经济学的有用性质的凸显，是结合经济学理论而得出的。从凯恩斯的相关历史局限性就可以看到经济理论哲学的发展，不仅从经济角度，更对社会角度起到促进作用。产业经济结构也是根据经济学理论的有用性出发，这样才能够得到更好的产业经济理论和政策。

二、滑雪产业产品的理论分析

综合上述关于体育产业的分析和滑雪运动的特征，滑雪运动产业属于体育产业的范畴是毋庸置疑的，并遵循第三产业的发展及运营规律。在滑雪产业的产业链中，滑雪场经营是核心环节，它的上游是滑雪装备（如索道、缆车、压雪机、造雪机）、滑雪器材等生产、销售、维护等相关产业，也正是这些上游产业带动了媒体、旅游、交通、服装、建筑等下游相关产业的发展。

（一）滑雪运动产品的商品属性

政治经济学把"商品"界定为用来交换的劳动产品，它具有使用价值和价值。作为商品必须具备三种属性：第一，具有使用价值，即商品的有用性，能满足人们的某种需要；第二，具有价值，即凝结着一定数量的人类劳动；第三，必须进行交换。颜天民博士认为，竞技体育已成为一种产业，竞技体育的产品是竞技活动的参加者以活动形成提供的服务。竞技体育活动所具有的观赏价值和经济价值，应该是运动员所提供的劳动产品的价值。其产品的使用价值是满足人们参加体育活动、观赏比赛和强身健心的需要，其产品的交换价值表现在竞技体育商品化程度的不断提高。

滑雪运动产品是体育产品的一种，具备商品的三种属性。滑雪运动产品是指以滑雪运动的服务形式存在，具有使用价值和价值，是可以用来交换的、能够满足滑雪运动爱好者需要的产品。按其功能和使用价值的不同，分为物质（实物）产品和精神（劳务）产品。滑雪爱好者租用和购买滑雪用具等实物为物质产品；滑雪竞赛、滑雪表演、滑雪指导、咨询培训属精神产品。在滑雪消费过程中，人们除购买物质产品外，滑雪爱好者还通过参与和欣赏消费活动满足其需要的非物质形态的滑雪服务。张林博士在《职业体育俱乐部的运行机制》一书中论述关于体育产品的服务特征时指出，服务作为活动，其生产过程和消费过程在时空上具有同时性和并存性。它在消费过程中存在，并随消费过程的终止而结束。这一过程就是创造使用价值的劳动过程，并由此在市场交换中以货币形式得以补偿。

马克思对"服务"可以作为商品有过精辟的论述："服务这个名词，一般地说，不过是指这种劳动所提供的特殊使用价值，就像其他一切商品也提供自己的特殊使用价值一样；但是，这种劳动的特殊使用价值在这里取得了'服务'这个特殊名称，是因为劳动不是作为物，而是作为活动提供服务的，可是，这一点并不使它例如同某种机器（如钟表）有什么区别。""对这种服务的生产者来说，所提供的服务就是商品。"将马克思这一论述用于分析滑雪产品的娱乐服务功能，可以进一步说明滑雪产品娱乐服务是一种劳动，它具有一定的价值；滑雪娱乐服务作为商品也有使用价值。说明滑雪消费市场是由滑雪产品消费需求和滑雪运动中产品供给所构成的一种交换关系，也就是滑雪产品的使用价值与市场价值的关系。其使用价值与市场价值是相互联系的，其中，使用价值是基础，它可以满足滑雪爱好者的需求，它决定了滑雪市场的价值能否实现和实现的程度。同时，滑雪市场只有提供高质量的"滑雪产品"，才能提高滑雪产品的使用价值。

（二）滑雪运动产品的有效供给

根据国家发改委产业经济与技术经济研究所报告显示，2008 年我国国民经济出现了第三产业快于第二产业增长的格局，总体上看，2010 年我国国民经济和产业继续保持较高的增长态势，第三产业占 GDP 的比重将进一步提高。分析了根据国际上历次经济危机背景下第三产业发展的经验，认为文化产业往往能够在危机中"逆市"增长。第三产业的其他行业，如现代物流、网络信息、服务外包和创意设计、品牌会展等新兴服务业继续成为新的增长点。

国家宏观产业结构的改变为滑雪产业的持续发展奠定了空间。在现存的滑雪产业的规模基础上，有针对性地加以调整，在不同的区域范围内，分级别、分层次的规划，进行有效的差别供给，以满足不同阶层消费者的需求。在此基础上，密切审视和把握国内国际滑雪旅游市场的格局，有控制地加以投入和建设，避免走发达国家走过的弯路，建立集约型的滑雪产业。

在产业发展过程中，需求必然带动供给，并且作用越来越突出。市场需求包括现实需求和潜在需求。所谓现实需求是指市场上现实存在的购买力的大小，它受消费者数量、购买力水平、消费文化等方面的影响。与现实购买需求相反，潜在消费需求不像现实需求那么明显和直接，它是隐藏在消费者中间的，但可以发现和引导。潜在的消费需求转化为现实消费需求，善于发现并加以引导就成为关键。市场需求带动产业发展通常表现为以下两种形势：一是传统消费结构的改变，二是潜在消费需求转变为现实消费需求。新市场需求的产生将直接带动产业发展。

影响滑雪消费需求，或者说制约人们成为滑雪消费者的因素，取决于人们的收入水平和支出能力、社会文化环境、价值取向、欣赏水平、文化程度及各年龄层次的人对滑雪运动的爱好程度。

滑雪旅游市场的客观供给也的确在很大程度上影响了潜在市场需求。对滑雪资源的依赖使得大部分滑雪度假中心远离客源市场，交通费用较高。滑雪服装和装备的专业性及时尚性使其价格居高不下。滑雪旅游景区的季节性经营使其运营成本相对较高。作为专业化的旅游产品，一般较少有低价的包价滑雪消费产品，潜在消费者需要用较多的时间及精力为滑雪做准备。部分滑雪场的滑雪道过于拥挤，增加了运动伤害的风险。滑雪服装及装备的购买及租赁都较为麻烦。

滑雪旅游这种"高消费、高风险"的双高属性不仅会使潜在休闲滑雪游客也会使运动滑雪游客在仔细衡量价值、价格、风险后放弃其原有的消费计划。从宏观角度来讲，滑雪产品供给市场的发展一方面要依靠初、中、高级滑雪消费者不断提高其滑雪频率及逗留时间，保持及提高其对滑雪运动的忠诚度，另一方面还要依靠不断有新的潜在无滑雪经验消费者参与到滑雪活动中来。滑雪旅游景区、滑雪场、旅行社等相关组织只有在深入了解滑雪需求市场的价值诉求以及需求障碍的前提下，通过准确的市场定位及产品服务组合为潜在消费者提供满意的滑雪体验，才能实现滑雪产业的可持续发展。

（三）滑雪运动市场的供给分析

滑雪市场既是由滑雪消费者构成的买方的集合，也是由各种滑雪运动产品生产企业、滑雪场经营者构成的卖方的集合。在市场需求与供给中，任何单一力量的强大，都不能构成发达的滑雪消费市场。根据马斯洛的层次需求理论，滑雪消费需求是属于基础性需求之上的、心理需求和自我实现需要，是高层次需求。消费者通过滑雪运动来达到放松身心、回归自然，实现个人潜能的充分发挥并不断超越自我的体验目的。多数消费者在满足滑雪需求的同时，还有享受高质量的相关服务的需求。因此，滑雪市场不仅要提供高质量的"滑雪产品"，满足不同层次滑雪爱好者的需求，丰富滑雪市场"产品"，而且要提供餐饮、住宿、交通等相关的优质服务，这样才能提高滑雪运动的价值和增添滑雪运动的魅力。相反，滑雪消费市场同其他形式的市场一样，没有需求，或需求减少和需求质量不高，供给方不能提供各类"滑雪产品"和相应品位的服务，市场价值就不能体现，滑雪市场就会萧条，市场经营也就没有效益。正是滑雪爱好者多元化的消费需求刺激了市场的另一方——供给的高质量发展。

第二节　滑雪产业发展的原则

一、市场发育与政府引导相结合原则

政府应在加强对滑雪产业的宏观引导、完善有关机制、制定相应的政策措施上下功夫。例如，在打造和保护本地区冰雪特色品牌方面可采取如下措施：一是建立滑雪产业品牌联合会。在协会的指导与协调下，在区域内选择特色较为明显的产业发展产业集群。二是制定相应的品牌的激励政策。鼓励企业争创名牌，对实施名牌战略的企业进行相应的激励和政策优惠。三是政府和企业互动。引导资源向名牌企业集聚，提升名牌企业的核心竞争力。政府要充分发挥引导作用，增进区域间的合作与交流，尽快建立滑雪产业行业协会，促进地区产业一体化进程。

加大政府扶持力度，优化产业发展环境。政府对于这一新兴产业，应坚持发挥政府宏观调控作用，加大滑雪旅游基础设施投入，优化滑雪旅游产业发展环境，实行联合开发、多元投入，鼓励国内非国有经济实体向滑雪产业投入。另外，以企业为主体，不断加大招商引资的力度。尽量创造条件支持大型滑雪场开发建设，把滑雪产业的蛋糕做大做强，实现产业化、规模化、集团化。

二、完善运营与产业升级相结合原则

分析我国滑雪产业发展现状，东北滑雪产业正处于较快发展时期。根据目前我国经济发展状况，未来10年我国经济仍处于较好增长势头。根据产业成长理论处于较快发展时期的产业，在扩大投资、发展产业规模的同时，要有所调控。应注意技术进入和现有产业的升级，进一步规范进入制度、规范行业管理制度，形成有序竞争。要完善滑雪产业结构与打造高附加值的产业链。

实施滑雪产业发展的整体优化，整合成立中国滑雪产业联合会，由其统一负责制定并组织实施滑雪产业发展总体规划，组织滑雪产业整体宣传促销，政府应发挥滑雪产业的比较优势，以加快集聚、优化产业结构为突破口，建设一流的大型滑雪场度假区，是发展滑雪产业的关键。立足四大区域，辐射全国，面向世界，按产业发展的内在要求进行生产力的合理调整，优化布局，统筹规划，分步实施，营造环境，促进发展，构建若干个具有国际竞争力的产业基地。

（一）滑雪产业的升级要把握和处理好四个关系

一是局部和全局的关系；二是政府和市场的关系；三是近期和长远的关系，近期调整有利于长远结构优化；四是国内与国际的关系，立足自身优势，瞄准国际滑雪市场。

（二）树立滑雪产业现代品牌战略，打造东北滑雪产业国际品牌

品牌是企业及其产品的核心价值体现，是产品质量和企业信誉的保证，是企业参与市场竞争的有力武器，是提高企业产品附加值的有效途径。美国营销专家LarryLight指出，"拥有市场比拥有工厂更为重要，而

拥有市场的唯一办法就是拥有占统治地位的品牌"。中国旅游行业经历了景点竞争、线路竞争和城市竞争后，开始步入区域旅游协作的营销时代，区域旅游合作呈现出前所未有的发展态势，加强区域联合，促进区域内资源、产品的优化和共赢，以合作促发展，以合作应对竞争不仅成为旅游行业发展的新思路，而且也是世界各个国家和地区发展旅游业的重要选择。

滑雪运动本身涉及旅游、机械加工、建筑、化工、纺织、交通、餐饮、饭店等诸多领域。一座现代规模滑雪场的运营，会拉动其他产业形成一个相应独立的经济生活区域，即"滑雪实体区域"。国外目前的"滑雪城""滑雪村""滑雪街"，都是这样形成的。我国目前还没有形成这样的"实体区域"。已建成的长白山国际旅游度假区滑雪中心项目填补了我国无大型国际滑雪旅游度假区的空白。

长白山国际度假区位于吉林省白山市抚松县松江河镇，长白山西麓，是万达集团投资 230 亿元打造的中国高端山地度假体验地，是全国投资规模最大的单个旅游项目。度假区集滑雪、山地度假、高端酒店群、度假小镇、娱乐、温泉于一体，满足度假需求，2015 年被国家旅游局评为首批国家级旅游度假区。

长白山国际度假区投资大、工程急、档次高，自 2009 年 8 月开工建设以来，在国家、省、市相关领导和部门的大力支持下，各项工程快速推进。一期开业的项目包括超五星级万达威斯汀酒店、五星级万达喜来登酒店、万达假日酒店、万达公寓假日酒店，以及度假小镇、文化中心、医院等。一期建成的滑雪场、大剧院、萨满博物馆、温泉洗浴中心等也已于 2012 年冬季开业。作为国际一流、亚洲最大的滑雪胜地，长白山国际度假区滑雪场有 43 条雪道，总长超过 30 公里，可同时容纳 8000 名滑雪者。2013 年，度假区二期开业，包括超五星级万达柏悦酒店、五星级万达凯悦酒店以及 3 个三星级酒店。2014 年，度假区三期开业。

在世界版图中，长白山是一座无法复制的天然宝库。长白山、阿尔卑斯山、北高加索，被称为世界三大矿泉水基地。长白山被誉为中华十大名山之一，是国家 AAAAA 级风景区。纯净的天池，极高的原始森林覆盖率，以及诸多山地特产资源为长白山增加了神秘、神圣的属性。吉林省政府已启动将长白山建成世界级冰雪休闲竞技旅游目的地计划，结合温泉休闲、文化旅游产品开发，将长白山打造成"亚洲的阿尔卑斯山"。

（三）赛事品牌与大众发展相结合原则

体育产业区别于其他服务行业的一个重要标志就是品牌创建对其经营成长的重要性。它可以迅速提升企业的形象，扩大产品的知名度，不但能够争取更多的冠名费，而且对于赛事举办地的产业营销会产生巨大的促进效应。滑雪产业在结合竞技运动中有其先天的优势。

现今各项体育赛事都已经拥有了一定的观众群体，每一次大型的体育盛会都是他们宣传自己、提高品牌认知度和品牌价值的有利机会。滑雪场应把握组织赛事的有利时机，努力提升自己的品牌效应。在宣传的同时，突出自己的产品特色。

例如，黑龙江大兴安岭映山红滑雪场作为我国"初冬"和"春晚"滑雪胜地，有着降雪早、雪期长、雪质好、融化晚的优势，并且启动了 3S 标准场地的创建工作及完善了包括夜场滑雪所用的镭射灯、草坪灯、索道照明灯等附属设施，拥有平整的初、中、高三级雪道，可以满足不同水平的滑雪爱好者。2010 年 3 月，首次在一个场地同时举办了全国自由式滑雪雪上技巧和空中技巧冠军赛两项国内顶尖赛事。由于得天独厚的自然条件和一流的硬件设施及当地政府的重视，国家体育总局已将映山红滑雪场列为全国自由式滑雪雪上技巧训练竞赛基地。

现代滑雪运动会向丰富多彩的趋势发展，目前的"纯竞技活动"虽然会有某些形式上、技术上、项目上的改革，但空间不会太大。危险因素大，大众不宜参加的项目可能会淡化，相反，大众性质的比赛及丰富多彩的娱乐形式活动会明显增多，这种活动会以因地制宜、因人而异、灵活多样的形式，将滑雪的娱乐休闲活动与比赛、竞争相结合，激起人们更大的滑雪兴趣。

（四）经济效益与社会效益相结合原则

滑雪产业的发展、滑雪场的开发所带来的效益是多方面的，综合性的。在注重经济效益的同时，更要考虑其产业的社会效益。

1. 经济效益

首先是滑雪场经营的直接经济效益。直接经济效益是投资者、开发商的根本目的。滑雪场直接经济收入的来源是滑雪场地及设施、滑雪器材、装备的出租，滑雪技术的教授，器材的维修等。

其次是间接经济效益。旅游滑雪业的发展所产生的经济效益，远远超出滑雪场本身所赢得的直接经济效益。对于区域经济而言，滑雪场的建设与旅游滑雪业的发展会带动社会相关产业的开发与建设。首先受益的是酒店、宾馆等服务行业，此外对建筑、交通、电信、商业、手工业、农副产品生产等行业都有着巨大的拉动作用，对周围地区的就业、致富乃至促进经济发展、增加收入都有积极的作用。国内外的许多事例体现出一条哲理，即"修了一个场（滑雪场），带富一个乡"。例如，日本长野县的野泽温泉村、奥地利的明斯克、中国黑龙江的亚布力镇、吉林市的五里河镇，都对当地的旅游与经济的发展，起到了特殊的作用。

2. 社会效益

滑雪场的开发建设将成为滑雪场所在地对外经济、社会联系的窗口，促进本地与外地的经济技术、文化协作与交流，拓宽了信息来源渠道，明显地提升了其知名度，从而为该地区吸引人、财、物创造了更加有利的条件，加快该地区的现代化发展。例如，20 世纪 60 年代，位于瑞士东南部格里松斯的达沃斯只是一个非常偏僻的小镇，直到 20 世纪 70 年代中期，当地政府利用山地资源在此修建了欧洲最大的高山滑雪场、星级酒店群落以及相关配套设施。从 1971 年开始，每年一度的世界经济论坛年会在这里举行。每年，各国的政治家、知名企业家、影视明星等都会如期而至，为达沃斯带来更多的商机。现在达沃斯已经形成会议经济、研究机构和旅游度假三大支柱产业，从瑞士边陲小镇一跃成为国际知名的旅游城市，实现了经济的跨越式发展，成为各国发展旅游业的样板城市。

（五）生态环保与可持续发展相结合原则

滑雪场的开发需要砍伐树林，进行土方工程，对植被、环境造成了一定的损坏，但从发展角度看，滑雪场冬、夏的经营活动本身就需要优美的自然环境，就需要对其周边林木、草原、地貌、景观进行保护、美化，将破碎的地表成片修整绿化，将水土流失减少到最小程度。只要强化环保意识与责任，滑雪场科学的开发，对环保带来的利会远大于弊。

在滑雪场、滑雪产业的开发过程中，直接经济效益是私营投资者的全部目标，政府、国有企业的投资会掺有公益性质，滑雪场所在的当地政府则会有更广泛和深层次的需求，既鼓励投资者盈利，将滑雪场坚持经营下去，又通过开发滑雪场，推动当地滑雪产业的发展，并借此全面拉动"社会经济效益""社会效益""旅游效益"等方面的起动与发展，达到诸行业共荣的目的。

第三节　滑雪产业发展的供给侧改革研究
——以黑龙江省为例

一、黑龙江省滑雪产业发展中供给侧结构存在的问题

（一）管理体制制约有效滑雪产品的产出

黑龙江省是国有滑雪场最多的省份，个别滑雪场在建设初期是政府为大型比赛所建设，属于政府所属的事业单位。由于滑雪场承担着竞赛任务，在完成竞赛任务的同时进行社会公共服务供给，这就造成滑雪场在建设初期就没有被作为一个独立的市场主体来考虑，而是被作为为人民提供公共服务的事业单位，相应没有充分的自由参与市场竞争。而各地方政府也多满足于现有的状况，错失了黑龙江省滑雪产业发展的黄金期。陈旧的管理体制带来了较多问题，所有权和经营权的无法分离也导致滑雪场缺乏经营自主权。此外，滑雪场与上级体育主管部门之间的关系较为复杂，权责不清和利益不分的现象层出不穷。同时由于市场机制在黑龙江省滑雪产业中未能完全运转，导致滑雪资源组合困难，缺乏市场竞争力。由此，目前黑龙江省滑雪产业的供给方式还是以政府为主体的直接供给方式，虽然在短期内利用政府的公共资金建立了具有一定规模的滑雪场，为黑龙江省滑雪产业的快速发展提供了发展动力，但是黑龙江省滑雪产业中政府的多重身份也给黑龙江省滑雪产业的发展带来了强大的制度约束，因而减少了滑雪产业的有效供给。

（二）基础设施和优质滑雪服务供给不足

从产业发展纵向来看，黑龙江省滑雪场数量在很长一段时间内位居全国第一，但是从滑雪场的拖挂式索道数量等代表大型滑雪场的基础设施数据来看，黑龙江省的滑雪场基础条件并不占优势，落后于发展最快的河北、吉林。并且，黑龙江省大部分是中小型滑雪场，大型滑雪旅游度假区只有亚布力一家，因此基础设施的短板制约着黑龙江省滑雪产业的供给。同时黑龙江省滑雪场在服务产品的生产、营销和产品升级上也不令人满意，特别是滑雪服务的供给存在较大的问题。究其原因，主要是在滑雪服务的供给过程中，从业人员、滑雪服务的产品质量、相关的行业标准、价格机制、诚信机制、安全运行、体验文化等方面都缺乏相应的规划和监管，造成黑龙江省滑雪服务标准化程度较低，滑雪体验质量较差，导致滑雪产品的价值创造力不高。

（三）滑雪设备和装备制造的低端徘徊限制有效供给产出

黑龙江省滑雪产业的发展具有极好的资源优势，特别是在滑雪设备和装备制造业方面，东北的老工业基地基础优势和滑雪产业发展较早的机遇优势为黑龙江省滑雪装备和设备制造业的发展提供了良好的条件，但是黑龙江省的滑雪设备和装备制造业却一直发展较慢，滑雪装备制造一直处于"贴牌"生产，如黑龙江省著名的"黑龙"冰刀鞋制造商——齐齐哈尔黑龙冰刀制造股份有限公司，作为我国唯一一家自主生产滑冰鞋的企业，在调研中，销售人员表示，"黑龙"滑雪板的很多原材料都在南方生产，只是在黑龙江进行组装，企业并无核心技术。可见，没有自身的知识品牌和核心技术，没有形成与国际大品牌同场竞技的能力，黑龙江省的滑雪设备制造企业很难占领市场，并且由于理念的滞后，加之黑龙江省设备生产企业的行动缓慢，使黑龙江省滑雪装备和设备制造业的发展任重道远。

（四）人才储备及培养不足降低有效供给的效率

黑龙江滑雪产业的发展必须依靠人的带动。人力资源的储备直接决定其发展的速度和成就。黑龙江省滑雪产业人才供给不足、人才供给结构与市场需求的矛盾是制约黑龙江省滑雪产业发展的重要原因。目前，黑龙江省滑雪产业的专业人才缺乏，体育管理和营销的高级人才更是严重不足，此外由于滑雪产业从业人员的标准不高造成滑雪服务业的标准也随之降低。同时由于黑龙江省处于东北地区，经济发展缓慢，而具备良好经济实力的华北地区充分利用自身实力挖掘优秀的滑雪产业人才，导致黑龙江省滑雪产业人才外流严重，"千军易得，一将难求"是如今困扰黑龙江省滑雪产业发展的重要问题。因而，哪个区域在储备及培养拥有国际管理水平及专业技术的滑雪人才方面先拔得头筹，哪个区域的滑雪资源价值实现发展就拥有了主动权和巨大的潜力。

二、黑龙江省滑雪产业发展的供给侧结构性改革目标

（一）黑龙江省滑雪产业供给侧结构性改革的本质

黑龙江省滑雪产业的发展需要供给侧和需求侧两个方面的协调发展，供给侧和需求侧是调节黑龙江省滑雪产业发展的基本手段。但是当前黑龙江省滑雪产业的发展滞后于广大人民群众对于滑雪产业发展的基本需求。特别是近年来，随着滑雪产业的发展，黑龙江省内的滑雪人群开始向吉林省偏移或者出国滑雪，这就造成了黑龙江省滑雪产业的供给已经无法满足消费者的需求，这其中的原因是多方面的，有需求层面的问题，也有供给侧方面的问题，但是更多的问题还是来自供给侧，可以说供给侧是制约黑龙江省滑雪产业发展的最突出原因。

黑龙江省滑雪产业供给侧改革可以从"供给侧＋结构性＋改革"中阐述其深意。从改善滑雪产品和滑雪服务的供给方面看，应从制度建设、机制创新和技术创新等方面通过改革的措施对滑雪产业发展结构进行调整和优化，减少滑雪产品和服务的无效供给，扩大滑雪产品的有效供给，从而提高黑龙江省滑雪产业发展的要素链，促进滑雪产业资源的合理配置，达到供给侧和需求侧之间动态的平衡。为满足社会公众日益增长的多元化体育需求，黑龙江省滑雪产业供给侧结构改革的实质是以市场导向来改革政

府现有的政策供给方式，充分发挥滑雪市场在配置滑雪产业资源中的决定性作用，其目的是增加滑雪产业的有效供给和减少无效供给，促进黑龙江省滑雪产业健康与可持续发展。

（二）黑龙江省滑雪产业发展与供给侧结构性改革的关系判断

在黑龙江省滑雪产业领域，由供需不匹配而引发的矛盾是一直都存在的，社会公众不断增长的新消费需求也迫使滑雪产业形成新的供给。在全面深化改革与经济发展的新常态背景下，供给侧改革具有全局性和系统性，势必会对滑雪产业提出新要求与挑战，滑雪产业不管是在推动区域经济社会健康发展上，还是在促进内部结构优化上，都需要从供给端出发进行改革和创新，以促进整个行业的全面发展。目前，黑龙江省滑雪产业在发展过程中出现了滑雪产业结构不均衡、滑雪产业中制造业和培训等产业所占比例过低、大型滑雪场运营绩效不佳、滑雪产业与外界融合力度不够、滑雪服务较差和滑雪产品的质量不高等问题。黑龙江省滑雪产品和服务的供给效率不高和供给不足，导致现有相关供给难以满足社会公众日益增长的滑雪消费需求。因此，滑雪产业供给和滑雪产业需求之间的不均衡正是黑龙江省滑雪产业供给侧结构改革的本质所在。

"供给侧"与"需求侧"相对，如图 4-1 所示，在需求侧背景下，经济的增长率主要取决于投资、消费、出口"三驾马车"。在此背景下，黑龙江省滑雪产业的发展也是按照"三驾马车"的架构来推动，但由于滑雪产业体系的不完善，滑雪产业的发展难以持续，其经济增长率仅是短期的。而在供给侧背景下，经济的增长率主要取决于劳动力、土地、资本、创新四大要素合理配置，它对滑雪产业的要求是：在劳动力要素方面，建构一支数量充足、素质较高的滑雪产业人才队伍；在土地要素方面，充分利用现有土地资源和土地支持政策，建设规模适度、具有一定数量的滑雪基础设施，同时破解季节性束缚，增强滑雪产业基础设施的使用率；在资本要素方面，建构多元化的投资融资体系，吸引和引导更多的社会资本流向滑雪产业；在创新要素方面，加强滑雪产业科学研究，提高滑雪产业装备的科学化水平，发挥优势创新滑雪产品及其相关技术。换言之，在供给侧结构改革背景下，黑龙江省滑雪产业应围绕劳动力、土地、资本、创新四大要素，合理配备滑雪资源，不断优化滑雪产业结构，推动黑龙江省滑雪产业快速健康发展。

滑雪产业投资	滑雪产业消费	滑雪运动装备	滑雪产业人才队伍	滑雪场建设经营	投融资回报	科研装备品牌
投资	消费	出口	人才	土地	资本	创新

需求侧刺激 ⟶ 供给侧改革

经济增速 ⟵ 潜在增长

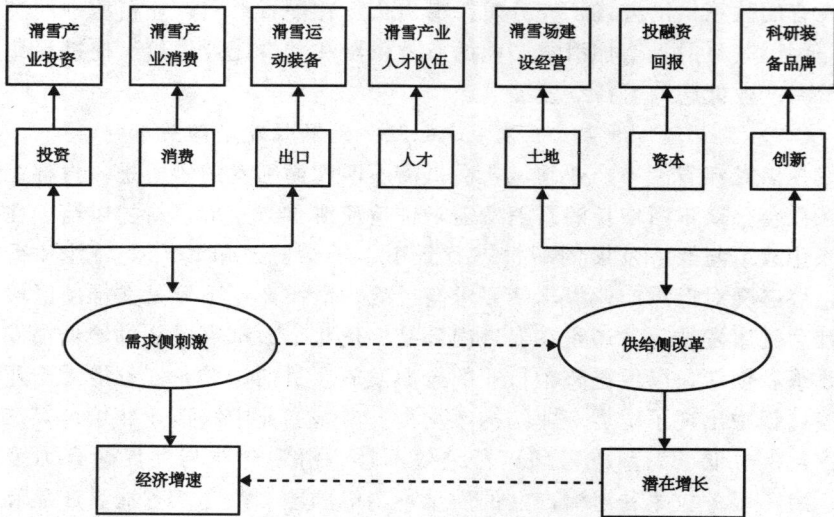

图 4-1 供给侧改革背景下的滑雪产业结构关系

（三）黑龙江省滑雪产业发展的供给侧结构性改革目标组成

1. 简政放权——黑龙江省滑雪产业供给侧改革的基本目标

黑龙江滑雪产业供给侧结构的改革是黑龙江省经济供给侧结构性改革的一个重要方面，是经济发展的必然要求。在黑龙江省滑雪产业的发展过程中，政府参与的力度太大，而市场参与的机会太小，这是黑龙江省滑雪产业发展中所面临的一个突出问题。实际上，政策对滑雪产业的驱动作用应更有效，区域发展性政策引导是滑雪产业发展的基础，无论是简政放权还是拓宽滑雪产业的投融资渠道，或是对其形成的地域性政策保障，都能直接驱动一个地区滑雪产业的发展。通过对黑龙江省滑雪产业的供给侧结构改革的本质判断，可以得出要提供供给方面的灵活性和适应性，以扩大相应的有效供给，减少无效的供给，提高供给的质量，从而达到供需的平衡。

因此，简政放权和优化服务是黑龙江省供给侧结构性改革的基本目标，其目的是创新政府职能的体制机制，减少行政审批，激发滑雪市场活力，形成良性的市场秩序，促进黑龙江省区域经济发展。换言之，通过滑雪产业的供给侧改革，建立良好的政商关系，优化投资和发展环境，避免"亚布力事件"的再次出现，为黑龙江省滑雪产业的发展提供良好的动力。

2. 产业结构优化——黑龙江省滑雪产业供给侧改革的核心目标

针对持续转型的中国经济，仅靠市场来调节供给与需求之间的关系是难以完成的，而需要结构性的政策来促成产业结构升级，打造新的产业体系。黑龙江省滑雪产业供给侧改革的关键就是要在国家推行"供给侧结构性改革"的战略背景下，调整滑雪产业领域内的供给侧结构，突出体制机制创新，优化滑雪产业结构。黑龙江省滑雪产业领域大量负面事件的出现体现了黑龙江省滑雪产业的供给侧结构已到了迫切需要改革的阶段，并且正在成为促进黑龙江省滑雪产业发展和产业结构优化的内生动力。应该意识到在黑龙江省滑雪产业发展中，已出现滑雪产业人才流失、滑雪服务质量低、政府干预严重、滑雪装备制造等比重过小等供给侧结构问题，由此都需要用改革的思想来管理。冬奥会申办成功后，黑龙江省滑雪产业迎来了历史上最好的发展契机，通过供给侧结构性改革，滑雪产业产品和滑雪服务层次将更加丰富多彩，滑雪产业结构也将更加趋于优化。

3. 滑雪人口的有益推动——黑龙江省滑雪产业供给侧改革的关键目标

国务院印发了《关于积极推进"互联网＋"行动的指导意见》，标志着互联网发展成为一种新业态和新形态，为产业发展提供新的创新能力和动力。"互联网＋"可以提升供给能力和扩大有效供给，推动消费升级，提供个性化的服务和产品，实现供给侧与需求侧的精准对接和高效结合。此外，"互联网＋"也是经济社会未来发展的趋势，是促进产业融合与发展的重要路径，更是供给侧结构性改革的引擎。由此"互联网＋体育"成为新的发展趋势，黑龙江省滑雪产业应充分利用互联网。概况而言，"互联网＋"为滑雪产业园提供了发展契机和重要路径。

三、黑龙江省滑雪产业供给侧结构性改革的路径

新时代背景下国家在经济领域提出供给侧改革的目标，这是解决产业发展供需矛盾最有力的措施，黑龙江省应该根据自身滑雪产业发展的需求，强化政府的支持和引导，加强滑雪产业相关人才的培养，利用现代化的科技手段，构建多元化的供给模式，以推动黑龙江省滑雪产业供给侧结构性改革。

（一）强化政府的支持和引导

政府是国家行政机关，是国家权力机关的执行主体，秉承着全心全意为人民服务的宗旨和原则，行使政治、经济、文化、社会等职能，对国家或地区经济的发展起着举足轻重的作用。然而，受计划经济体制的影响，在黑龙江省一些地区，政府对相关产业的发展没有形成应有的职能作用。因此政府的支持和合理的引导是供给侧结构性改革的重要保障。

1. 转变政府职能，推行相关体制改革

滑雪产业作为体育业和其他产业的有效结合，具有双重的业态发展模式，从各国滑雪产业的发展实践来看，如果要优化滑雪产业发展，政府在其中应该更好地履行其自身的职能。政府在产业发展过程中的职能应该是适时地履行产业协调、行业立法、产业规划和投资等。滑雪产业中主要体现在，应该制定滑雪产业的法规制度，制定滑雪产业发展的相关规划，规范滑雪产业的市场、保护和开发好滑雪产业的资源，同时为滑雪产业的发展提供良好的公共服务。从五个政府职能来看，相关的政府职能还应制定滑雪旅游法规和规范滑雪旅游市场等。其中，制定滑雪产业法规是政府管理的基本职能，即通过对于法规的制定和完善，从而形成对滑雪产业的规制。实际上政府通过对于产业的规制来营造健康有序的产业发展环境非常重要，尤其在滑雪产业发展领域，由于我国滑雪产业处于发展的初级阶段，更需要各级政府尤其是主管部门利用法律、行政和经济管理等手段来实现对于滑雪产业经济活动的规范。黑龙江省应及时制定黑龙江省滑雪场质量等级标准，使得滑雪产业真正做到"有法可依、有法必依、执法必严、违法必究"。

实际上，制定相应的产业发展规划是政府职能中较为重要的职能，一个地区滑雪产业的发展直接受到产业发展规划的影响，滑雪产业应该怎样发展、如何实现发展，相关的投融资政策及人才培养方案等都是滑雪产业发展规划应该考虑的内容。此外，由于我国滑雪产业发展较晚，滑雪相关企业为了获得更多的利润空间，极容易发生无序竞争，形成了扰乱市场的现象。在这种情况下，政府部门尤其是旅游管理部门为了创造一个有利于滑雪旅游发展的大环境，就应该协同社会各方面的力量服务于滑雪产业，特别是像黑龙江省这种滑雪旅游业发展较早的省份，通过政府的行政手段来管理和规范滑雪产业，从而消除滑雪产业发展的无序性和不确定性，使得滑雪产业在法律法规的规制下能够可持续性发展。

因此，第一，要加快转变政府职能。在科学界定政府职能的基础上，进行宏观调控和微观引导，而不是直接采取干预。换言之，政府的职责不是直接参与到市场的竞争中，而是调节经济发展的走向，对行业市场进行监督和管理。黑龙江政府部门还应该使管制型和全面型的政府向服务型和高效型、法治型的政府转变。第二，要推行行政管理体制的改革。简政放权，向市场和社会放权，减少行政审批的程序，积极推行高效运转的政府服务模式。第三，从满足黑龙江省滑雪产业发展的政治环境来看，要健全政府的绩效评价，加强政府工作人员的培训，提高办事效率和能力。第四，政府要处理好自觉调控和市场自发调控的关系。

2. 提升政府鼓励市场投资滑雪产业的积极性

如果没有企业的投资，没有市场的积极性，提高滑雪产业的规模，促进产业的发展就是一句空话。要保证多元投资主体对黑龙江省滑雪产业进行投资，就要认真落实国家的有关规章制度，一个产业的健康发展需要积极的制度环境做支撑，按照产业供给侧改革的要求，政府特别是直接服务企业的基层政府更要保证相关政策落到实处，让企业能投资，能取得收益。同时各级政府也要减轻企业的投资成本，特别是小企业的成本，即在财税政策优惠等方面切实保证企业能够有效运转。

3. 创造积极的制度环境，监管滑雪市场规范发展

一个产业的长远发展依赖于积极的制度环境，积极的制度环境将为滑雪产业的发展带来更多的机遇。按照供给侧改革的要求，第一，应做好统筹规划。由于滑雪产业涉及面广、体系庞杂，各区域间发展基础不均衡，政府要敢于打破部门间、区域间的行政壁垒，联合修订跨部门、跨区域的滑雪产业发展规划，对两大产业融合发展的空间布局和功能定位进行设计，以实现滑雪资源共享和优势互补，共同打造区域滑雪一体化平台。第二，转变政策观念。不但要重视滑雪产业的发展和基础设施建设，也要更加关注与滑雪企业和消费者之间的互动，树立以满足滑雪消费者体验需求为导向的市场拓展理念，出台符合当地实际的运行标准和管理规范，确定滑雪市场的准入规则，建立切实可行的产业激励机制，创新滑雪产业与自然、经济、文化的协同发展模式，最大限度地对各成员主体利益做出调整，实现平衡，并根据产业所需设定不同的专项基金。第三，做到权责明确。厘清政府主导的内容和范畴，在主导的同时不越界，避免过度的行政干预带来的不公平竞争，创造宽松的政策环境，促进和帮助滑雪企业成长，进一步吸引技术、投资和人才，以此来推动黑龙江省滑雪产业的快速健康发展。

(二) 强化市场经济调控

强化黑龙江滑雪市场的经济调控主要体现在三个方面：一是供给侧结构性改革。要素流动、价格传导依赖于市场机制配置作用，为增加滑雪市场活力，应运用市场手段解决滑雪企业中去产能、去库存等问题。二是产业链整合。黑龙江省滑雪产业长期处于产业链中低端，而产业链转型升级的关键是产业链上下游整合，应依托国内滑雪产业的良好势头，运用市场手段进行产业链延伸。三是驱动创新机制。供给侧结构性改革要实现创新驱动，其关键要改变驱动创新生成机制，以市场来驱动创新，从而实现创

新驱动经济发展新方式。

路径采用中要善于运用市场这只无形的手。黑龙江省滑雪产业的发展急需滑雪产业的市场主体，加快培育滑雪产业的市场主体，通过鼓励创业发展、放宽经营限制，加大金融方面的支持，促进滑雪产业市场多元化主体的快速增长。也可以通过搭建平台，增添加快培育滑雪产业市场主体的发展动力，并顺应体育消费升级趋势，加速滑雪产业转型升级步伐，如以大型滑雪旅游度假区为载体，发挥产业集群带动效应，吸引相关滑雪产业聚集发展，壮大市场主体规模。

我国市场发展的实践证明，市场的效应一旦激活，将会释放出强大的能量，促进产业的发展。国家近年越来越重视体育产业的发展。从滑雪产业的发展轨迹来看，滑雪产业资源的配置需要有效的市场，应该积极推进市场参与滑雪产业资源的配置，主要重点有两个：第一，建立有效的市场不是毫无规律的，有效的市场是按照市场机制的内在规律运行的，在市场对于滑雪产业资源的配置过程中，要避免政府过多的不当干预，这是建立有效市场的关键，同时也应该看到市场体制不是一个完美的理想模式，在一个区域经济发展的过程中有着不同的表现形式，因此在利用市场这双手的过程中要把市场经济配置资源的规律与滑雪产业的发展规律，以及与黑龙江省产业发展环境结合起来，形成具有黑龙江发展特色的滑雪产业市场发展格局，让体育、市场和产业各归其位。第二，市场不是万能的，它也有其自身固有的缺陷，在黑龙江省滑雪产业资源的配置过程中，不能一味地依赖市场，因为市场经济强调完全竞争机制下的高效率运转，在这种运转模式下，社会公共利益并不会随着升高，完全依赖市场，则会造成在滑雪产业资源配置的过程中政府公共责任的缺失，导致滑雪产业的发展走上不切合实际的发展道路，不能有效满足消费者对于滑雪服务的日益需求。

（三）强化人才培养供给侧和科技创新供给侧

人才是发展滑雪产业发展的决定性因素，只有形成强大的人才支撑，黑龙江省滑雪产业才能持续健康发展。然而受到各方面的影响，在滑雪产业迅速发展的今天，人才短缺的问题却日益开始显露出来，专业人才的短缺已经成为阻碍滑雪产业创新发展的重要瓶颈。尽管我国已出台相关的文件强调培育体育产业人才，黑龙江省政府也出台相关政策，设立职业目录，大力培育滑雪产业专业人才，但是多年来，体育行政化的影响和黑龙江省滑雪产业低端发展的态势，使黑龙江省滑雪产业的市场化程度不高，造成黑龙江省真正懂滑雪产业市场经营的人才仍短缺。同时，由于体育人才的流动性差，导致专业性、精细化的人才短缺。滑雪产业本身专业化分工细，综合素质要求较高，必然要求既懂滑雪又懂市场的多领域跨界人才，相应人才培养周期较长，这些都对滑雪人才的培养提出了更高要求。

从"钻石"模型的理论来看，决定生产要素需求的因素首要就是人力资源，黑龙江省滑雪产业供给侧改革，应着力改革滑雪产业人才培养的供给。黑龙江省滑雪产业发展的最大矛盾来源于滑雪产业人才的短缺和质量不高，黑龙江省是我国滑雪产业发展较早的地区，在产业人才的培养方面一直走在全国前列，但是在近年的发展过程中，滑雪产业人才的培养体系却出现断裂，粗放式的培养模式和激励模式使得黑龙江省滑雪产业人才外流严重。但在产业发展过程中，滑雪产业的高级管理和营销人才是极其重要的，虽然黑龙江省有很多高校培养人才，但是既懂滑雪又懂市场的高级人才仍然奇缺。因此深化黑龙江省滑雪产业人才培养的供给侧改革，破解黑龙江省滑雪产业人才的困境是其必由之路。具体路径设计上：第一，黑龙江省高校特别是体育院校应该创新人才培养体系，以市场作为办学导向，为黑龙江省滑雪产业提供更多的优秀人才；第二，创新人才培养模式，走多元化滑雪产业人才的培养道路，政府、高校、社会要协同培养滑雪人才，弥补人才的短板；第三，建立滑雪产业人才创新交易平台，为高层次的滑雪产业人才提供孵化的条件，共同创新创业，使得滑雪产业人才向更高端更高层次发展；第四，要建立滑雪产业的高端人才智库，为滑雪产业的发展提供智力支持。

四、黑龙江省滑雪产业供给侧结构性改革的对策

（一）基于政府层面的宏观指导与政策支持

黑龙江省滑雪产业发展应形成政策和制度的创新，以推进黑龙江省滑雪产业的基础设施建设，加大滑雪配套产业开发力度，延伸滑雪产业链条，建立黑龙江省滑雪产业发展联动机制。

1. 推动黑龙江省滑雪产业政策与制度创新

一个产业如果要长远发展，需要积极的制度环境，具有活力的市场经济环境将为产业的发展带来更多的发展动力，按照供给侧结构性改革的要求，黑龙江省应该做好滑雪产业规划，从而制定适合黑龙江省滑雪产业发展的产业政策，由于滑雪产业对于黑龙江省第三产业的发展具有重要的作用，因此黑龙江省更应该打破部门间、区域间的壁垒，制定跨行业跨部门的滑雪产业发展规划，对滑雪产业的产业融合和空间布局进行合理的设计，实现资源的优势互补和资源的共享，打造区域的滑雪产业一体化平台。利用黑龙江省滑雪产业发展的资源优势，建立滑雪产业集群，促进滑

雪产业集群的升级，提高集群内滑雪企业的知识创新和技术创新。政府不仅应关注滑雪资源和相应基础设施的建设，更应该加强滑雪产业的宏观调控和产业监督职能，履行其作为公共服务提供者的服务职能，充分运用财政政策、税收政策、融资政策来促进黑龙江省滑雪产业的加速发展。

政府还应该转变政策观念，树立起以滑雪消费者体验需求为导向的滑雪市场开发理念，出台符合黑龙江省实际的滑雪产业标准和管理规范，实行滑雪产业的准入制度，建立起切实可行的滑雪产业激励机制，创新滑雪产业与文化、旅游、工业等的协调发展新模式，使得与滑雪产业相关的利益相关者，利益最大化。设立黑龙江省滑雪产业发展专项基金。

2. 优化黑龙江省滑雪产业发展的营商环境

良好的营商环境是一个产业发展最坚实的保障。从"毛振华事件"中，我们可以看出黑龙江省滑雪产业的营商环境优化的必要性，一方面政府要做好"减法"，大力破除制约滑雪产业市场主体在产业发展中体制机制的障碍，推行简政放权，减税减负，精简办理政府事业，减低企业的发展成本。同时另一方面政府也要持续不断地做"加法"，要严格依法平等的保护好到黑龙江省投资滑雪产业的各类投资者的利益，加强各类产权的保护，对于不同所有制企业在政策执行、资金支持、标准制定上待遇公平。同时还有最重要一点，要提高服务意识，营造法治化、高效的产业营商环境。

（二）基于行业主管部门的政策落实与产业集群建设

发挥黑龙江资源优势，培育黑龙江冰雪文化氛围，开发冰雪运动项目的竞赛和训练资源。培育黑龙江省滑雪品牌，加大大型滑雪旅游度假区的引领作用。滑雪产业是以体育产业作为内涵，多种业态共存，为体育产业提供资源，为其他产业带来市场的业态，是体育产业和其他产业交叉融合的产业。因此，黑龙江省滑雪产业应在更大程度和更大范围上进行产业融合，进一步实现多产业联动发展，使其产业结构高级化。可以通过构建滑雪产业与旅游产业、文化创意产业和媒介产业、装备制造业等其他相关产业高度融合的发展框架，进一步增加滑雪产业自身的产值规模并优化其产业结构。通过构建集群的信息交流平台，积极建设各种中介服务机构、培训服务机构、信息交流中心、营销服务中心和融资服务中心等，为集群内企业服务。通过推广和普及活动，鼓励滑雪消费者积极参与滑雪活动，夯实群众基础，同时要鼓励和促进集群内各滑雪相关企业创新发展并推广创新成果，建立起与国际接轨、产业结构合理、管理机制灵活、滑雪文化特色鲜明的黑龙江省滑雪产业结构体系。

（三）基于社会组织层面的滑雪文化建设与资本融合

黑龙江省滑雪产业的社会组织在滑雪产业发展中起到了一定作用。社会组织可以通过建立滑雪产业行业标准，制定统一的行业评估标准，提高滑雪产品质量。因此黑龙江省应利用地域资源，塑造独特的冰雪文化、冰雪风俗等，营造大众冰雪健身的氛围，挖掘黑龙江省深厚的滑雪文化，加快黑龙江省滑雪产业投融资体系建设。社会组织可以对滑雪产业的整体形象进行推广，塑造独特的黑龙江滑雪文化，营造全民参与的氛围。实际上，黑龙江省滑雪产业经过一个时期的发展，与各产业之间已经奠定了一定的合作基础，滑雪产业资源也具有较高的相似性和互补性，通过对与滑雪产业相关文化形象进行整合，可以构建出具有一致性的区域滑雪文化形象，提升滑雪旅游目的地的品牌美誉度。此外，在社会资本参与方面，积极采用政府与社会资本合作机制，以市场准入、土地使用、税收优惠和信贷宽松等扶持政策，鼓励更多的企业和民营企业集团投身滑雪设施建设、滑雪资源深度开发和滑雪赛事组织等领域，以有利于提高和改进滑雪产业企业的投资行为，进而增强企业绩效，以可持续发展理念开发滑雪产业资源，为黑龙江省经济发展注入活力和动力。

（四）基于企业层面的产品升级与人才培养

1. 推动滑雪场和滑雪装备制造业的转型发展

滑雪场和滑雪装备制造业是滑雪产业重要的物质基础，也是提高黑龙江省滑雪产业供给能力的重要保障，国人对于滑雪产业的多样化需求，使滑雪需要提供多样化的滑雪产品和装备器材，从而使人们获得丰富的身心感受和体验。

首先，要推动滑雪场由单一型向多元型和综合型发展，在提高黑龙江省滑雪场数量的同时，推广滑雪场的融合性发展；要加强黑龙江省滑雪场从单一的滑雪旅游到多元化的服务供给转变，加强滑雪场与旅游、休闲、住宅、商业等的融合，打造以冰雪为主题，功能齐全、配套设施齐备，充满市场活力的黑龙江省滑雪产业新组成。

其次，黑龙江省的滑雪装备制造业要向"知识密集型"转变，充分利用黑龙江省的工业制造优势，建构"产、学、研"的发展模式，结合黑龙江省资源优势，启动滑雪装备创新工程，结合国外的先进经验，建设冰雪设备综合实验，将黑龙江省打造成国内高端滑雪产业装备研发制造基地。此外，还应加强滑雪产业与"互联网＋"的融合，推动滑雪产业去杠杆，以"互联网＋体育"促进产业融合发展，从而打造适合黑龙江省的"滑雪产业智能生产模式"，积极从供给入手，打造智能型和个性化的滑雪服务和产品供给方式。

2. 提升黑龙江省滑雪产业产品输出质量

随着滑雪产业的发展，人们对于滑雪的需求不仅仅是单一的体验、多元化和个性化的需求，还要求滑雪产业必须提供丰富的滑雪产品，因此人们开始关注滑雪服务和相关产品的质量、品位、层次，注重独特的产品所带来的舒适体验。实际上，黑龙江省滑雪产业也应是"资源密集型"和"劳动密集型"的产业，企业要围绕着滑雪需求在产业发展的各个环节，整合产业链，以自购、自建、联盟等不同的企业合作方式，打造从产品设计、研发、销售到后期管理的一站式服务平台，从而提高黑龙江省滑雪产业服务的质量，增加其管理效益。

3. 加快滑雪产业人力资源的培育

人才资源、智力资源是黑龙江省滑雪产业创新发展的必由之路，黑龙江省要利用自身滑雪产业培训的已有优势，建设数量充足同时素质优秀的滑雪产业队伍，加强高水平的滑雪产业后备人才基地建设，提高滑雪产业人才的培育力度。同时应该加大依托高等院校，探索"产学研"相结合的人才培养模式，建立省级的滑雪产业研究机构；并结合各个专业优势，通过联合培训、交流学习等方式培养适合产业发展的应用型和技能型人才，促进高等院校滑雪产业人才与企业的实际需要对接，从而适应企业的发展需求。此外，还应加强对于黑龙江省滑雪产业从业人员的再培训，培养一批高素质的滑雪产业从业人员和服务人才。

第五章 我国区域性滑雪产业发展研究

第一节 区域性滑雪产业发展特征研究

一、我国区域滑雪产业发展的整体特征

（一）我国滑雪产业发展呈现不均衡性特征

改革开放以来，由于国家政策的倾斜，沿海地区经济得以迅速发展起来，致使沿海地区与内地的经济发展差距迅速拉大，同时也导致我国从南至北各区域经济发展水平的差异。经济水平的差距加之地理位置及自然环境的不同导致我国滑雪产业的发展显现出不均衡的特征。我国滑雪产业发展的不均衡性体现在以下两个方面。

1. 产业结构发展的不均衡性

据不完全统计，全世界滑雪场数量大约有 6000 余家。自 1996 年起，滑雪旅游在我国悄然兴起，很多商家开始争先恐后地投资兴建滑雪场，意图分享滑雪旅游这块蛋糕，有的滑雪场在建设之初甚至在没有经过认真规划和充分论证的情况下便盲目上马，致使我国滑雪场数量非理性增长，相对于刚起步的滑雪旅游市场已呈现饱和之势。据资料显示，1996—1999年，全国滑雪场最初只有 11 家，会滑雪的不到 1000 人；1999—2001 年，全国兴建滑雪场共 150 家左右，滑雪人次接近百万；2008 年我国已有滑雪场 289 家，滑雪人次 500 万。随着滑雪市场的竞争愈发激烈，我国滑雪场数量在 2010 年开始出现下降趋势，2010 年我国滑雪场数量为 270 余家，在 2014—2015 雪季的调查中，据不完全统计，全国滑雪场数量为 568 家。2016 年全国滑雪场数量达到 646 家，滑雪人次为 1510 万。2017 年，我国滑雪场数量达 703 家，滑雪总人次为 1750 万。2018 年我国滑雪场总数达 742 家，总滑雪人数达到 2113 万人次。2019 年我国的滑雪场总数为 770 家，其中不乏一些"三无"滑雪场，即无建设规划、无造雪压雪设备、无安全保障。这样的滑雪场虽然在滑雪市场近 20 年的发展中被淘汰掉一小部分，但目前看来，仍有一部分影响着我国滑雪产业的整体发展。

2. 产业布局的不均衡性

我国地大物博，国土面积幅员辽阔，而滑雪场的选址建设需同时满足以下三个因素：一是适宜建设滑雪场的地貌条件，二是充足的雪资源，三是使雪资源存续的气候条件。以上三个因素制约着我国滑雪场的分布，因此我国滑雪产业布局呈现北密、中疏、南无的局面。然而全国经济的发展状况，与滑雪产业的布局情况恰恰相反。南方是经济发达地区，人均收入水平及 GDP 均高于其他地区，但因气候因素南方的滑雪场数量几乎为零，即使是个别城市开发了室内滑雪场，但雪场的数量及规模远远不能满足区域内居民的滑雪需求。然而南方却是我国国产滑雪装备及设备的主要生产地区。我国滑雪场大多建立在经济相对落后的省份和地区，如此不均衡的产业布局，导致我国滑雪产业整体发展速度迟缓。

（二）我国滑雪产业发展呈现依赖性特征

1. 滑雪产业的运营依赖庞大的资金支持

从滑雪场的选址、开发，到缆车、拖牵的建设，再到造雪、压雪设备的投入，以及雪场的日常运营，都对资金链条有着强烈的依赖性。据实地调研发现，由于资金链断裂等原因，目前已经倒闭的滑雪场有 150 余家，这些雪场大多仍留有原址和设备。而目前，国内很多正在运营的大规模雪场均出现亏损情况。例如，河北省张家口市崇礼万龙滑雪场每天运营成本约 20 万元，2013 年合计收入 3753 万元，支出 4612 万元，损失近 1000 万元。作为滑雪运动爱好者，很多雪场的经营者对未来中国滑雪市场充满信心，用经济的损失坚持守候，盼望中国滑雪市场的腾飞。

2. 滑雪产业的发展依赖国家政策的扶持

1996 年以前，我国仅有少数几家滑雪场，1996 年以后，随着黑龙江省亚布力滑雪旅游开发的成功，引起来各地方政府的重视。在政府的政策推动下，一些事业单位、国有企业和民营企业积极参与到滑雪场的建设中，促使了我国滑雪场数量在之后的十年中有了巨大的变化。同样，吉林长白山万达滑雪场以及河北省张家口市崇礼区滑雪场等后起之秀的快速发展，也都依赖于政府的优惠政策。河北与吉林两省的政府部门吸取了前人的经验，以理性的眼光形成了以扶持、制定优惠政策、完善公共服务为核心的管理模式。例如，崇礼的几家滑雪场在审批土地方面有一定的优惠政策，而且在税收方面也获得了一定的减免，同时在手续审批等方面，政府部门也尽量简化。正是由于当地政府的大力扶持，才促使了河北省滑雪产业的快速发展。

3. 滑雪产业的经济效益依赖于自然资源的禀赋

滑雪场的选址依赖于八个影响因素，分别是：坡向、坡度、相对高差、积雪、水资源、自然灾害、用地、自然景观。其中雪资源直接影响着滑雪场的经济效益。目前我国滑雪场数量上虽然可观，但仍有许多滑雪场规模较小、设备落后，甚至有些滑雪场不具备造雪设备，完全依靠自然降雪来维系滑雪场，基本处于"靠天吃饭"的状态。然而，近年来全球气候变暖，天然雪量已经远不能满足滑雪场的运营，大部分滑雪场需依靠地下水作为造雪资源，运用人工造雪来铺设雪道及雪场景观建设。滑雪场的人工造雪消耗了大量水资源，也使雪场的运营成本大幅度提升。

（三）我国滑雪产业发展呈现滞后性特征

世界滑雪产业起源于欧洲，经过商业革命和两次工业革命的资本主义经济发展，现今已发展成为集旅游、健身、休闲、娱乐于一体的多元经济市场。我国滑雪产业起步于 20 世纪 90 年代，比欧洲晚了一个世纪，比美洲晚了 80 年，比日本晚了 40 年，比韩国晚了 20 年。虽然近年来我国滑雪场在数量上发展迅猛，但在市场规模和消费层次上仍存在较大差距。我国山形地貌不似西方大多连绵起伏，因此滑雪场大多是以块状或段状形式建设，且大多设施简陋，一个土坡，一条拖牵，一条雪道，一排房子，再加上几十副或几百副过时的日本淘汰的旧雪板就是滑雪场的全部设施。由此可见，我国滑雪产业在规模及发展速度上存在明显的滞后性。

截止 2016 年底，我国滑雪产业白皮书公布我国拥有滑雪场 568 家，但各滑雪场之间的差异性较大，滑雪产业缺乏统一的等级评价标准，雪场之间存在规模参差不齐、鱼目混珠、行业内恶性竞争等严重问题。例如，位于河北省张家口市崇礼区的密苑云顶滑雪场建立之初，为争取市场占有率曾不计成本推出价格极其低廉的全季滑雪卡，吸引了大部分定期滑雪的爱好者，导致其他滑雪场游客稀少，陷入严重亏损的窘境，进而导致原多乐美地滑雪场的意大利投资商撤资，使得多乐美地滑雪场在 2013 年停业一年。这样的恶性竞争也同样发生在雪具的租赁以及滑雪教练的费用支付等方面。政策落实及行业管理的滞后性，使得中国滑雪人口增长速度缓慢，延迟了滑雪运动在中国的普及。

21 世纪的中国已经进入互联网时代，在网络上几乎可以收集到所有信息，然而滑雪产业信息在互联网上的更新明显滞后。从在互联网上搜索到的信息来看，各滑雪场存在信息缺失、信息混乱、虚假宣传等问题。网络上随处可见"××滑雪场是亚洲最大滑雪场""××滑雪场是中国最大滑雪场"等宣传，通过走访了解到，这些雪场的实际情况与宣传内容大相径庭。另外，滑雪市场竞争激烈，许多"作坊"式的小雪场由于经营和管理不善，经营了一两年就纷纷倒闭，但网络上仍然留有雪场信息，这些信息的沉积对滑雪爱好者及科学研究者造成一定的干扰。可见，改善信息的滞后性，将带动整个滑雪产业的规范化发展。

二、东北地区滑雪产业发展特征

（一）滑雪产业结构相对单一

东北地区包含黑龙江、吉林、辽宁三省，土地总面积约 80.84 万平方公里，地形主要以平原、山地为主。东北地区属于温带季风气候，由于纬度高，冬季寒冷而漫长，夏季温暖而短促，年平均气温在零摄氏度以下。位于最北部的黑龙江，冬季平均气温零下 13.3 摄氏度，降雪量大、雪期长、雪质相对好，平均年积雪天数可达 120 天，山区降雪量可达 150 厘米。吉林省地处东北腹地，位于黑龙江省和辽宁省中间，冬季平均气温零下 9.7 摄氏度，主要降雪时段集中在 11 月、12 月和次年 2 月下旬，冰雪期约为 101 天。辽宁省位于东北地区南部，每年 1 月份处于全年最低温，冬季平均气温零下 6.8 度，冰雪期为 70 天左右。

丰富的自然环境资源为东北地区发展滑雪产业提供了有利的条件，然而东北地区虽然滑雪场开发数量全国领先，但滑雪产业结构相对单一。滑雪场的建设在滑雪产业的发展中起到了重要的指示作用，然而滑雪器材、缆车、索道、造雪机、压雪机等配套器材的开发建设同样影响着滑雪产业的发展。东北地区是我国的老工业基地，但在滑雪器材、设备开发方面仍有很大的缺失。维持滑雪场的运营仍需要依靠采购南部地区滑雪配套设备或直接引进国外品牌设备。

（二）市场经济制约滑雪产业发展

东北地区是我国的老工业基地，近年来由于体制及结构性矛盾，加之工业设备及技术的老化，产业竞争力逐年下降，经济发展的步伐与东部沿海地区有了明显的差距。2014 年，黑龙江、吉林、辽宁三省 GDP 增速分别为 5.6%、6.5%、5.8%，位居全国倒数第五、第二和第三。2015 年 GDP 增速依然不乐观。

从城镇居民人均收入水平来看，2014 年辽宁省人均收入 29082 元，增速 7%，排名全国第九，而吉林与黑龙江两省，分别以 23218 元、22609 元排列全国第二十五名与第二十六名。从滑雪消费来看，滑雪者年龄主要集中在 25～45 岁中高收入人群，月收入在 3000～5000 元。其中 86%的滑雪者从未购买过滑雪用品。从以往的研究中可见，"收入水平低、消费水平不高"是制约东北地区滑雪产业发展的最大因素。

（三）冰雪文化传统促进滑雪产业发展

东北地区由于气候条件的特殊原因，居民对冰雪运动的喜爱有着悠久的历史。早在 20 世纪 30 年代，哈尔滨市玉泉北山建立了中国第一家滑雪场，此滑雪场虽曾落入白俄罗斯及日本人之手，却促使了东北地区冬季运动水平的发展。20 世纪 80 年代黑龙江省开创了"百万青少年上冰雪"活动，至今已经走过了 30 多个年头，这项活动的开展有力地推动了群众性冰雪体育活动的发展，同时也使得东北地区冰雪运动达到了鼎盛。

1985 年，黑龙江省省会城市哈尔滨创办了哈尔滨国际冰雪节，该冰雪节与日本札幌雪节、加拿大魁北克冬季狂欢节和挪威滑雪节并称世界四大冰雪节。1996 年 2 月，亚布力滑雪场成功举办了第三节亚洲冬季运动会，为充分利用第三届亚洲冬季运动会所形成的资源，1998 年，由黑龙江省政府、哈尔滨市政府、亚布力风车山庄共同举办了首届中国黑龙江国际滑雪节。黑龙江国际滑雪节从每年 12 月起，一直延续到次年 4 月，主办地点一般在亚布力、龙珠二龙山、吉华长寿山等滑雪场，至今已经举办了 15 年之久。

2003 年，长春净月潭滑雪场引入了"净月潭瓦萨国际越野滑雪节"这一国际知名的滑雪品牌，其中包括：越野滑雪教育培训、冰雪运动乐园、"冰雪天使"评选、瓦萨娱乐滑雪赛、瓦萨儿童滑雪赛、净月潭越野赛等多项赛事活动。2006 年长春被授予举办国际雪联越野滑雪世界杯赛的资格，并承办了国际雪联世界杯短距离决赛，该项赛事是目前世界上影响最大、知名度最高的滑雪比赛之一。

三、华北地区滑雪产业发展特征

（一）便捷的交通拉动滑雪产业的发展

华北地区处于我国的政治中心，北京作为中国的首都，交通十分便利，尤其是高速公路与铁路的建设十分发达，有京藏高速、京承高速、京哈高速、京津塘高速、京开高速等等，有北京站、北京南站、北京西站等枢纽火车站。华北地区的机场数量也十分可观，北京有首都国际机场、南苑机场、西苑机场、大兴机场；天津有滨海国际机场、东通机场、塘沽机场；河北有石家庄正定国际机场、秦皇岛北戴河机场、邯郸机场、唐山三女河机场、张家口宁远机场、邢台褡裢机场；山西有太原武宿国际机场、运城关公机场、长治王村机场、大同云冈机场、吕梁大武机场；山东有济南遥墙国际机场、青岛流亭国际机场、烟台蓬莱国际机场、临沂机场、济宁曲阜机场、东营永安机场、潍坊南苑机场、威海国际机场、蓬莱沙河口机场、日照机场；河南有新郑国际机场、马头岗机场、洛阳北郊机场、南阳姜营机场、安阳北郊机场；等等。便捷的交通不但有利于滑雪场的开发、建设，仪器设备的运输，同时顺畅的行程更有利于提高游客的滑雪体验。

（二）京津冀协同发展带动滑雪产业的提升

华北地区是我国的政治及文化中心，近年来国家大力推动京津冀协同发展策略。2014 年 2 月 26 日，国家主席习近平在北京主持召开座谈会，强调了京津冀协同发展的目标，首先要面向未来打造全新的首都经济圈、推进区域发展创新机制；其次是要探索完善各省市布局形态，为开发区域发展提供样板及示范；再次是要探索生态文明建设的有效路径，促进人口经济资源环境的协调发展，最终形成京津冀优势互补的目标。京津冀的协同发展，势必带动华北区域经济的整体发展。

在 2014 年我国主要城市 GDP 统计中，北京市以 21330.8 亿元排全国第二，增速达 7.3%，天津以 15722.47 亿元排全国第五，增速达 10%。在 2014 年全国城镇居民人均可支配收入统计中，北京市居民人均年收入 43910 元，天津市居民人均年收入 31506 元，山东省居民人均年收入 29222 元，均超过全国年人均收入水平 28844 元。华北地区拥有较高的人均收入水平，带动了该区域的消费，同时也将促进该区域娱乐、休闲产业的发展，滑雪产业当然也不例外。

（三）聚拢优秀滑雪人才，加速滑雪产业发展

华北地区由于其经济相对发达，因此吸引了大批优秀的滑雪产业人才。以河北张家口市崇礼区为例，崇礼区目前正在经营的四家滑雪场均建有滑雪学校，滑雪教练队伍较为专业，持证上岗率较高，也比较注重岗位培训等相关活动。另外，滑雪场还与当地大学合作，聘请大学生，尤其是一些来自滑雪强国的留学生来滑雪场兼职教儿童滑雪，一方面能够提高儿童的滑雪水平，同时也可以提高儿童的外语水平。

华北地区的滑雪场大多属于私营企业或合资企业，雪场的管理模式以引用国外的管理模式或直接聘请专业的管理团队为主，有的雪场甚至直接高薪聘请其他区域知名雪场管理人才。因此华北地区的滑雪场在管理方面注重对权责的细分，使各部门各司其职，相互协调，能够最大化地发挥人才的作用。另外，华北地区在人力资源管理方面更加规范，滑雪场合同制员工均享有五险一金待遇，在薪资方面，高级管理人才年薪可达 25 万元以上，甚至有些滑雪场高级经理人年薪可达 60 万，而滑雪场普通员工年

薪也可达 4～5 万元。

四、西北地区滑雪产业发展特征

（一）人均收入水平虽低，但经济发展能力后劲儿十足

西北地区土地辽阔，资源丰富，南依青藏高原，北傍蒙古高原，位处我国边陲，拥有广袤的土地资源，国土面积达 429.6 平方公里，在七大经济区中位于第一。然而西北地区也是我国最干旱的地区，基础设施薄弱、水资源稀缺、生态环境脆弱等因素制约着西北地区的经济发展。2013 年 9 月，习近平主席在出访中亚和东南亚国家期间，提出了"一带一路"倡议，此构想一经提出，对西北地区的经济产生了巨大的带动作用，新疆维吾尔自治区要建设丝绸之路经济带"五大中心"，即交通枢纽中心、商贸物流中心、金融中心、文化科技中心、医疗服务中心，势要抢占丝绸之路国内桥头堡。虽然在 2014 年全国 31 省城镇居民人均可支配收入统计中，贵州、青海、新疆、西藏、甘肃 5 省区仍然包揽最后五名，但新疆维吾尔自治区人均可支配收入增速以 11.5％位于全国第一，可见西北地区经济发展能力后劲儿十足。"一带一路"倡议对西北地区的影响也将推进滑雪产业的飞速发展。

（二）丰富的民俗文化衬托区域发展的神秘特征

西北地区是一个多民族聚集的地区，目前在宁夏、青海、甘肃、新疆等地聚居着回族、维吾尔族、蒙古族、哈萨克族、东乡族、保安族、土族、藏族、撒拉族、柯尔克孜族、乌孜别克族、塔塔尔族、裕固族、塔吉克族、锡伯族、达斡尔族、满族、俄罗斯族等世居民族。通过历史的不断演变，西北地区创造并形成了包括语言、宗教信仰、神话传说、故事、歌谣、舞蹈、建筑、礼仪、习俗以及生存理念、生活和生产方式等在内的民族文化。这些文化在不同的民族中有的相近或相似，有的却相去甚远。由于部落或者居住地的不同，即使是同一个民族，在许多方面也存在很大的差异，由此西北地区的民族文化更显得神秘而又丰富多彩。

（三）依赖政策性倾斜，提高产业发展水平

随着国家先后提出"西部大开发"战略以及"一带一路"倡议，党中央、国务院对西北地区的产业发展高度重视，2000 年，中共十五届五中全会通过了《中共中央关于制定国民经济和社会发展第十个五年计划的建议》，把实施西部大开发、促进地区协调发展作为一项战略任务，强调："实施西部大开发战略、加快中西部地区发展，关系经济发展、民族团结、社会稳定，关系地区协调发展和最终实现共同富裕，是实现第三步战略目

标的重大举措。"2006 年，国务院常务会议审议并原则通过《西部大开发
"十一五"规划》，目标是努力实现西部地区经济又好又快发展，人民生活
水平持续稳定提高，基础设施和生态环境建设取得新突破，重点区域和重
点产业的发展达到新水平，教育、卫生等基本公共服务均取得新成效，为
构建社会主义和谐社会迈出扎实步伐。2015 年，为推进实施"一带一
路"，让古丝绸之路焕发新的生机活力，以新的形式使亚欧非各国联系更
加紧密，互利合作迈向新的历史高度，我国政府特制定并发布《推动共建
丝绸之路经济带和 21 世纪海上丝绸之路的愿景与行动》。各地结合地方特
色，统筹将各地经济、产业、人文等基础资源与推进"一带一路"建设工
作相结合，以"政策沟通、设施联通、贸易畅通、资金融通、民心相通"
为主要内容，谋划建设格局，明确重点任务。

五、内蒙古地区滑雪产业发展特征

（一）地理位置及环境特征为滑雪产业发展提供保障

内蒙古自治区位于我国北部边疆，横跨东北、华北、西北地区，依次
与黑龙江、吉林、辽宁、河北、山西、陕西、宁夏和甘肃 8 省区毗邻，是
中国邻省最多的省级行政区之一。内蒙古自治区东西直线距离 2400 多公
里，南北直线距离 1700 公里，全区总面积达 118.3 万平方公里，占全国
土地面积的 12.3%，是我国的第三大省区。

内蒙古全区地势较高，平均海拔高度 1000 米左右，高原占全部土地
的 50%左右。自治区境内东部是东北西南走向的大兴安岭山脉，平均海
拔 700～1000 米，最高海拔 1528 米，中西部是东西走向的阴山山脉，平
均海拔 1500～2000 米，其中主峰大青山海拔 2338 米。良好的山形和地貌
为内蒙古滑雪产业的发展创造了有利的条件。

（二）依靠赛事活动提高区域滑雪产业知名度

内蒙古是我国大陆滑雪运动的摇篮之一，早在 20 世纪六七十年代，
原"八一"体工滑雪队、内蒙古滑雪队就在此训练。虽然内蒙古的滑雪产
业起步相对较晚，但依托良好的资源条件，内蒙古每年积极承办各类国际
国内的体育赛事，并积极争取成为国际级滑雪赛事的举办地。内蒙古为提
高国际影响力与知名度，近年来开展了为数众多的冰雪节活动，包括阿尔
山·内蒙古冰雪节、满洲里国际冰雪节、呼伦贝尔开雪节、岱海温泉冰雪
节、吉祥·乌珠穆沁草原冰雪节等等，同时承办了多项全国及国际滑雪赛
事：2002 年的全国滑雪单项比赛、2005 年的全国越野滑雪冠军系列赛、
全国自由式滑雪冠军赛、2007 年的全国越野滑雪青年锦标赛、2014 年的

国际滑雪邀请赛均在内蒙古各滑雪场举办。

第二节 滑雪产业的区域性可持续发展策略研究

一、东北地区滑雪产业可持续发展策略研究

（一）建立区域竞合组织，实施一体化战略

目前东北三省的滑雪产业处于各自为战的割据局面，陷入恶意竞争、需求疲软、收益缩水的恶性循环，极大浪费了东北地区的滑雪资源。从经济的层面考量，任何一个地区或城市只有融入区域经济中，共享资源，广泛开展合作，才能实现更大的发展。在访谈中，很多专家认为，在我国滑雪产业发展水平较低的情况下，同区域内省和省之间的低水平竞争没有太大意义，建立区域竞合组织，形成区域产业集聚效应势在必行。

所谓区域竞合是指区域范围内，不同的经济主体在竞争中合作，在合作中竞争，以最小成本换取最大经济效益、社会效益的"竞争—合作"系列行为。随着京津冀一体化战略的推进以及冬奥会的申办成功，以京津冀为核心的华北地区逐渐形成资源互补、战略合作的一体化发展格局，这为东北地区提供了样本。东北区域的整体发展要以建设国际一流水平的目标统筹规划，通过地理位置上的集中和集聚，建立区域竞合组织，实现优势互补、资源共用、产品互配、客源互留、利益共享、产业集中、共同发展，最终形成区域集聚效应、规模效应和区域竞争力，完成区域产业结构调整和优化，树立区域品牌，打造一条东北滑雪运动带。

（二）多方面培养人才，完善人才培养机制

1. 企业内部开启培训

黑龙江、吉林和辽宁3省均面临滑雪专业人才短缺的局面，整个产业链需要建立一套滑雪人才培养机制。一些专家认为，在完善人才培养体系之前，当务之急是要发挥滑雪场在产业人才培养中的实战基地作用，引进国外人才和先进理念，对经营者、管理者以及技术人员进行不间断培训，通过工作实践，培养各岗位所需人才，在培养过程中摸索经验，总结得失，形成一套符合中国国情的人才培养机制，实现人才培养和输出的可持续发展。

2. 依托高等院校，推进校企对接

除了企业内部培训之外，应充分发挥高校的作用，将滑雪人才的培养方式落实到学校教育中，以专业的技术学院为培训载体，通过建立滑雪职

业技术学院的模式，开设非学历及学历教育，培养滑雪场专业技术人员，或通过订单式培养，建立校企合作机制。2015 年黑龙江冰雪体育职业学院成立，这是全国首家以冰雪体育职业教育为主要特色的高等院校，通过与体育系统内的医院、场馆合作，实现实训教学和定向化培养，为滑雪产业人才储备提供了有力支撑。吉林和辽宁的高校体育资源并不逊色，可以借鉴黑龙江的模式，大力推进校企联合的培养模式。

（三）发动供给侧改革，推出特色化滑雪产品

随着我国滑雪产业的发展，消费呈现多元化趋势，滑雪爱好者的需求逐渐细化，滑雪产品已经变成滑雪运动与休闲、度假、体验相结合的产物，传统的滑雪运动形式单一，已经远远不能满足市场的需求，滑雪产业面临洗牌，供给侧的改革势在必行。

习近平总书记强调，供给侧管理重在解决结构性问题，注重激发经济增长动力，主要通过优化要素配置和调整生产结构来提高供给体系质量和效率。供给侧结构性改革主要由优化劳动力、土地与自然资源、资本、制度和创新等五大结构要素组成。从滑雪运动的层面看，供给侧改革的一大重点是创新。产业发展方式的创新驱动产业的升级，外部的力量形成推动，而内部的创新才是根本，结合消费者需求的发展方式是创新的突破口。

在发达国家滑雪产业发展的进程中，产品的创新一直是吸引消费者的重点。奥地利、法国将滑雪与滑翔伞、雪地摩托、雪橇、攀冰等项目相结合，加入了极限运动的元素。德国、瑞士则利用著名的旅游景点，开展了蹦极、徒步冰川等刺激型项目，辅以雪地桑拿、自助冰雕等互动型项目。只有不断创新，满足爱好者的多重需求，才能驱动滑雪产业的升级。东北的滑雪产业应结合区域地方特色，与旅游、度假等行业紧密融合，打造特色化滑雪产品。

（四）利用多种途径，培育滑雪文化

滑雪文化是滑雪运动与文化相融合的产物，是一种以滑雪为载体，日渐形成的趋同性生存行为模式和生活方式。随着非主流滑雪文化的不断融入，滑雪文化已经完成由表演和竞技特性向休闲和娱乐特性的转变，并逐渐演变为多元化的现代滑雪文化。滑雪文化除了宣传作用，还有继承、发展的多重影响。通过培育滑雪文化，动员青少年参与滑雪运动，形成持续稳定的滑雪人口，是实现 3 亿人参与冰雪运动，推动滑雪运动可持续发展的重要基础。

2017 年 3 月，北京奥运城市发展促进会副会长蒋效愚接受采访时表

示："我国现代冰雪运动尽管已有上百年历史，但整体上冰雪运动、冰雪文化仍处于发展期，远未到成熟期。"作为我国发展滑雪运动最早的区域，东北将成为培育滑雪文化的根据地。

1. 针对年轻人群体，融入西方滑雪文化元素

向青少年推广滑雪项目是推动滑雪文化建设的重要组成部分，重点是让他们对滑雪运动产生兴趣。相对于传统滑雪竞技，单板滑雪、极限滑雪等西方新兴的项目代表了时尚、炫酷、刺激的生活方式，彰显了追求个性的文化特征，更受年轻人欢迎。如今单板滑雪和极限滑雪的文化已经成为现代滑雪文化不可或缺的一部分。

《滑雪运动发展规划（2016—2025）》提出，推行"百万青少年上冰雪"和"校园冰雪计划"，促进青少年冰雪运动的普及发展。融入西方滑雪流行元素，通过推广宣传青少年喜欢的雪上项目及明星运动员，激发他们的热情和兴趣，是打造青少年滑雪文化的重要途径。

2. 通过体验文化建立滑雪文化氛围

滑雪产业的升级需要文化的支撑，其中体验文化是最重要的元素之一。体验消费的本质是新奇刺激，这恰恰是滑雪最大的吸引力，滑雪产业与体验的关联超过多数体育产业。目前我国大部分消费者还没有真正感受到滑雪运动的刺激性与吸引力，以体验文化为支撑，有助于形成全民参与的氛围，丰富滑雪产业的文化内涵，从而使商业化、产业化的滑雪产业，体现出文化特质，营造滑雪运动的文化氛围，满足人们对体育文化的需求。

二、华北地区滑雪产业可持续发展策略研究

（一）以国际化标准推动产业优化和升级

国家体育总局经济司组织专家组于 2008 年 6 月颁布的《体育及相关产业分类（试行）》中，将体育及相关产业的概念界定为："为社会公众提供体育服务和产品的活动，以及与这些活动有关联的活动的集合。"

体育产业结构优化和升级主要通过两个手段：第一，解决供给和需求的相互适应，完成产业内各环节的协调；第二，通过创新，加速体育产业高度化演进的过程。通过采访专家们表示，冬奥会是我国举办的最高规格的国际赛事之一，软硬件都将达到国内罕见的高标准，应借此机会推行国际化流程和标准，助推华北地区滑雪产业结构的优化和升级。

1. 推动四季运营本土化探索

四季经营模式源自欧美，核心理念在于突破固有的经营模式，开拓新

的经营项目。由于全球变暖及滑雪期内降雪量和市场的不可预见性，四季运营模式已经成为发展趋势，在欧美形成了成熟且多样化的体系。由于欧美滑雪场在自然环境、客户群体、消费习惯等各方面与国内存在很大的差异，因此对欧美模式的生搬硬套并不可取，华北地区需要借鉴经验，进行本土化探索。

向四季经营转型的过程中，需要依托滑雪场现有资源，综合考虑区域经济环境和目标群体的消费习惯，开发公众接收程度高的特色项目，如露营、高尔夫等，在此基础上增加项目的个性化和互动性，满足人们不断增长的休闲需求圈。四季经营为滑雪场经营者突破单一经营、盈利难的发展瓶颈提供了一种可能性，尤其是雪期偏短的华北地区，从更宏观的角度来看，四季经营模式为滑雪产业提供了一种可持续发展模式。

2. 完成硬件升级，培育核心竞争力

1990 年，普拉哈拉德和哈默尔提出核心竞争力的概念，目前国内学者将核心竞争力定义为企业拥有的独特技能、智力资产和隐性知识，是创造顾客价值和企业创新的源泉，决定了竞争优势和持续发展能力。未来，我国滑雪场的市场空间主要来自量的增长以及质的提升，其中质的提升主要来自大型滑雪场的建设与升级改造，针对初次体验游客、深度体验游客、滑雪发烧友、滑雪专业培训人群等的不同需求，提供高质量的服务，争取将数量众多的体验型滑雪者转化为滑雪爱好者。现阶段具有国际水准的硬件设施和软件服务就是国内滑雪场的核心竞争力。

2011 年，吉林万科松花湖度假区从奥地利、意大利等国引进了世界一流的索道、压雪机和造雪机等设备，这些具备国际水准的配套设施极大拉升了滑雪场服务的品质。目前，国内大部分滑雪场的设备和配套设施还处于较低的水准，以达到国际水准为目标，硬件的升级势在必行。

对华北地区而言，造雪问题尤为关键。与东北、西北相比，华北气候更温暖，全球变暖的趋势也让雪季变得更短，先进的造雪技术非常重要。无论是造雪系统工程，还是购买造雪机，华北地区还需要关注及引进更先进的造雪技术，利用高科技来延长雪季，以此促进滑雪产业的发展。

3. 打造国际滑雪赛事 IP

借助北京筹办冬奥会的机会，未来几年内，北京和张家口等地的滑雪场将承办各类国际标准的冰雪体育赛事，如世界杯、世锦赛、奥运会测试赛等。除了为冬奥会练兵之外，华北地区将积累大量举办国际比赛的经验，培养大批具备办赛经验的人才，这些为华北地区打造国际赛事 IP 奠定了坚实的基础。优秀的赛事 IP 可以最大限度地激发参与者的热情，成为一个地区的标志和名片，如英国伦敦的温布尔顿网球公开赛。通过打造顶级的国际滑雪赛事IP，既能循环利用"赛事"后资源，解决奥运场馆闲置的问题，又能培养大众滑雪文化，加深爱好者对滑雪文化及滑雪运动的认知，扩大滑雪产业的软实力及影响力，带动产业链升级。

4. 开展跨国合作，交流中外滑雪文化

国外的滑雪产业经过多年的发展和进化，日趋成熟，在雪场开发、索道建设、运营管理、设备维护等方面经验丰富，国内滑雪场应与国外企业深入开展合作，一方面学习先进的技术和经验，另一方面借此机会开展滑雪文化的交流。此前吉林的北大壶滑雪场曾与地中海阳光度假村全面合作，近年张家口的太舞滑雪小镇与多家法方企业签署战略合作协议，万龙与挪威和斯洛文尼亚的企业签约。与国外先进滑雪场及企业合作是华北地区滑雪产业国际化的重要一步，也是未来持续发展的主流趋势。

（二）大力推进滑雪健身休闲业，构建滑雪休闲生态链

1. 改变经营模式，由滑雪场向度假村转型

随着滑雪场数量的日益增多，传统粗放型滑雪管理模式遇到瓶颈，已经远远不能满足滑雪多元化的需求。传统滑雪市场逐步饱和，滑雪运动的旅游休闲属性开始凸显。从国外的发展经验看，滑雪产业的发展就是滑雪运动在旅游度假区的基础上商业化、产业化的过程。为了满足顾客的需求，挖掘新的利润增长点，滑雪场需要重新规划，将单一的滑雪业务进行拓展，以滑雪业务为核心，在周边区域增设养生、餐饮、文化、休闲度假等一站式娱乐生活设施，由户外体验型转变为度假型目的地，由观光体验模式转变为持续性的度假模式。

从华北地区的实际情况出发，仅仅依靠转型还不够。滑雪产业化程度与滑雪旅游度假区联系紧密，其中大型滑雪度假区的形成是滑雪产业区域聚集发展的关键因素。目前，华北地区滑雪场的规模偏小，需要以区域市场需求为前提，一方面依托现有雪场进行升级改造，另一方面融合区域化资源和自然景观的优势，进行科学的规划设计，新建大型滑雪旅游度假区，或者采取分批建设、分步实施，采取边营业边开发建设的策略。

2. 构建环北京生态休闲旅游圈

2016年4月，由中国社会科学院财经战略研究院、中国社会科学院旅游研究中心及社会科学文献出版社共同发布的《2015—2016年中国旅游发展分析与预测》指出，2022年北京冬奥会将形成京张体育文化旅游带和世界冰雪旅游胜地。作为北京冬奥会重点配套交通基础设施，京张高铁已在2019年底通车，张家口被拉入首都"1小时经济圈"，京津冀的冰

雪产业一体化发展逐渐成形。

华北地区应充分利用现有资源，以冬奥会为契机，推广长线旅游＋短线休闲的理念，以北京为核心，以滑雪运动为载体，向河北、天津等地辐射，形成环北京生态休闲旅游圈，如连接冬奥会举办地的京—张滑雪休闲旅游带，以避暑为特色的京—承旅游带，以温泉湿地为特色的京—保—石旅游带，以海滨为特色的京—津—秦旅游带等。

三、西北地区滑雪产业可持续发展策略研究

（一）加强政府主导力度，全方位推进滑雪产业开发

1. 制定战略性、全局性的发展规划

国外滑雪体育产业发展通常分为市场主导型和政府参与型，而我国由于自身国情，滑雪体育产业仍然属于政府主导型，尤其是在经济欠发达的西北地区。总体而言，滑雪体育产业在我国属于新兴产业，可持续发展战略需要政府给予必要的支持。未来，我国滑雪产业市场化的程度会越来越高，政府逐渐退出主导地位，但仍需在诸多方面给予必要的规制。

从西北区域的实际情况出发，政府部门要根据产业发展趋势的实时变化，充分利用现有的发展格局和经济基础，调整顶层设计，明确区域发展大方向，分层次、分类别进行规划，参与滑雪产业链的各个环节，合理布局，避免区域滑雪产业的同质化竞争。通过制定战略性、全局性的发展规划，进行整体的宏观调控。

2. 加强政策驱动力度，调动滑雪企业积极性

迈克尔·波特在研究国家竞争力时提出，国家的发展分为生产要素驱动、投资驱动、创新驱动和财富驱动四个阶段。借鉴其驱动组成的理念，再结合我国滑雪运动的发展现状，推动西北滑雪产业升级最重要的驱动因子是政策驱动。

在访谈中，专家们表示，我国滑雪产业的发展离不开政策驱动，区域发展性政策引导是发展的基础，产生的作用更直接、更有效。第一，西北地区应该拓展滑雪产业的投融资渠道，鼓励社会资本进入滑雪产业的发展链条中，推动产业链创新，创新投融资形式，借助商业银行的金融杠杆，解决产业发展的融资问题。第二，根据不同类别的滑雪项目，给予不同程度的税收优惠政策，调动外域企业投资的热情和积极性，为滑雪产业的发展打下更好的基础。第三，应设立发展滑雪产业集群专项资金，滑雪产业集群的发展壮大、区域创新、产业升级都离不开资金的支持。

（二）打造有特色的旅游品牌

1. 加强产业联动，打造滑雪旅游产业集聚区

滑雪旅游产业集聚区就是与滑雪产业同类或相关的服务业企业集聚互动，形成具有较强资源整合和辐射带动功能的集聚区域。按照目前滑雪旅游产业的发展趋势，不仅仅是滑雪与旅游的二元叠加，而是多种元素的互相融合。日韩已经率先将滑雪旅游与自然景观观赏、名胜古迹观赏、参观地方民俗风情活动及温泉洗浴、蒸汽浴、美容、按摩、美食、购物等其他产业相结合，发挥滑雪旅游产业的联动效应，形成滑雪旅游产业集聚区。

以新疆为核心的西北地区拥有全国知名的自然景观和名胜古迹等旅游资源，应该顺应滑雪旅游产业发展的新趋势，在滑雪旅游集聚区延伸并丰富产业链条，围绕产业链条打造娱乐产业、生态产业、户外休闲产业、冰雪创业产业等聚集众多新兴产业的空间格局。

2. 以多民族文化为特色，凸显滑雪旅游的文化价值

除了提供多元化服务之外，文化是体现滑雪旅游特色的重要元素。西北地区是一个多民族聚集地区，经过历史的演变，形成了神秘而又独特的地域特色文化。以新疆为例，阿勒泰是人类滑雪最早的发源地，滑雪运动的历史可以追溯到 12000 年前，当时牧民用白桦木和马腿毛皮制成"毛皮雪板"，开展狩猎活动，至今阿勒泰仍然保留着这项古老的滑雪运动，雪板的制作工艺被列入自治区非物质文化遗产名录。这些独特的民俗文化，都是西北地区的宝贵资源。

从滑雪旅游的产业角度分析，西北地区应该将民俗文化、地域文化与滑雪文化紧密融合，以此来体现区域滑雪旅游产业的文化价值，打造有特色的滑雪旅游品牌，推动滑雪旅游产业结构转型和优化，提升滑雪旅游业的竞争力，将冷资源变成热产业。

3. 借"互联网＋"模式，创新营销策略

滑雪产业升级中，"互联网＋"模式是借助互联网形成滑雪企业对外营销与推广的新平台。

"互联网＋"在营销方面有两个明显的优势，首先可以消除由于信息不对称而产生的沟通成本，其次具备及时性、互动性和传播性。本质上"互联网＋"不但强调互联网与传统产业的融合，还强调传统产业通过互联网完成产业升级。最近几年，万达长白山国际度假区通过互联网建立了强大的宣传平台，利用微博营销、联合促销等营销策略，大力开发滑雪旅游产品，挖掘潜在的消费群体，在国内的滑雪场中异军突起，并促进了地产、度假等各方面的发展。

如今，借助"互联网＋"模式已经成为新经济发展背景下滑雪产业升级的活力路径，通过打造滑雪旅游的网络营销平台，结合个性化、专业化服务等创新营销模式，培育现代化的滑雪旅游营销体系，对于打造滑雪旅游品牌，完善滑雪旅游供给侧改革，具有重要的战略意义。

（三）借助"一带一路"建设，建立与中亚地区的长期交流

随着"一带一路"建设的逐步推进，西北地区迎来了跨越式发展的机遇，其中也包括滑雪产业。新疆与哈萨克斯坦等中亚国家以及俄罗斯接壤，这些国家都有一定的滑雪传统和基础。根据统计，目前东欧和中亚正在成为新的滑雪产业区域，占据了世界滑雪人次的10％。虽然与阿尔卑斯山相比，该区域的滑雪参与度略低，但滑雪运动的发展速度很快，许多国家正在大力发展滑雪产业。

此前，新疆已经与哈萨克斯坦开展体育方面的交流与合作，在此基础上，新疆应利用地缘优势，主动出击，与更多的中亚国家建立多层面合作机制，打造精品滑雪旅游线路，吸引中亚地区的国外游客，促进滑雪旅游业的发展，通过体育院校、地方运动队的交流，带动与中亚国家滑雪运动的合作，推动滑雪市场的国际化。

四、内蒙古地区滑雪产业可持续发展策略研究

（一）优化产业布局，合理制定发展战略

内蒙古滑雪产业的发展必须在现有发展基础上，优化产业布局，形成一个包括企业、组织、活动、空间的设施在内的地理、经济和社会单元。一方面要考虑到内蒙古地区的自然特征、地域分布、经济发展水平等情况，根据不同区域的特点合理规划滑雪场地的分布并进行合理的空间布局，同时依据各地域的特点制定不同的发展战略。另一方面，应当分层次对滑雪场地进行开发，根据各区域人均收入水平及消费能力，建设高、中、低不同档次的滑雪场，以期通过恰当的比例实现内蒙古地区滑雪产业的健康发展。

（二）依靠多元化的营销模式，扩大市场知名度

由于内蒙古地跨"三北"，因此同时受到东北、华北、西北区域对滑雪市场份额的抢占。如何使内蒙古滑雪产业在激烈的竞争中拥有一席之地，便需要针对不同的消费群体采取针对性的营销模式。面对没有滑雪经验的潜在消费人群，首先要消除这类人群对滑雪运动的种种误解，如滑雪运动是一项昂贵且危险的运动。其次，要给这类人群传递滑雪能给人带来精神上的愉悦及快乐满足的信息，促使这类人群对滑雪运动产生兴趣而非

畏惧心理。滑雪爱好者更加关注于滑雪场的雪道、雪质及滑雪设备的专业程度，因此在营销过程中应当以雪场的完善设施、安全性保障为主要卖点。同时要使用文字宣传、图像宣传、影像宣传相结合的营销手段，在全国宣传内蒙古区域的滑雪产业发展情况。

（三）制定灵活多变的价格策略

针对不同的消费群体，内蒙古地区可以制定灵活的价格策略。首先，内蒙古地区可以效仿其他地区优秀滑雪场实施和完善会员机制，通过办理会员卡来吸收稳定的滑雪客源。会员卡可分为金卡、银卡及 VIP 贵宾卡几种，依照办卡的级别给予不同程度的折扣。其次，各滑雪场可以推行套餐式服务，如滑雪＋住宿套餐，这样可以吸引其他较远地区的游客前来滑雪，消除距离带来的不便性。另外可推出学生套餐，在滑雪价格上给予这个消费群体一定的优惠，以培养一定的客户群体；也可以推行家庭套餐、情侣套餐等，通过提高滑雪场消费人群，来促进滑雪产业的发展。

参考文献

[1] 韩广义．黑龙江省滑雪产业发展政策研究[D].哈尔滨：哈尔滨体育学院，2014.

[2] 于卓，刘海来，洪亮．滑雪运动教程[M].哈尔滨：黑龙江教育出版社，2011.

[3] 刘国永，杨桦，任海．中国群众体育发展报告[M].北京：社会科学文献出版社，2014.

[4] 唐云松，赵宏宇，李松梅．滑雪旅游产业[M]．哈尔滨:黑龙江教育出版社，2009.

[5] 张莹．我国区域滑雪产业发展特征及优势比较分析[D].哈尔滨：哈尔滨体育学院，2016.

[6] 任娇．黑龙江省滑雪产业供给侧结构改革研究[D].哈尔滨：哈尔滨体育学院，2018.

[7] 石凯妤．我国大众滑雪运动推广的研究[D].北京：北京体育大学，2016.

[8] 唐云松．黑龙江省滑雪产业发展对策研究[D].哈尔滨：哈尔滨工程大学，2007.

[9] 孙灿江．河南省大众滑雪运动发展策略研究[D].石家庄：河北师范大学，2017.

[10] 汪娟．新媒体语境下对滑雪运动传播的研究[D].北京：首都体育学院，2018.

[11] 毛娜丽．我国大众滑雪产业发展的环境因素研究[D].北京：首都经济贸易大学，2011.

[12] 张兴泉．中国滑雪运动发展与生态环境关系研究[D].北京：北京体育大学，2009.

[13] 刘春萍．冰雪文化及其相关产业发展趋势研究——以吉林省为例[J].中国学校体育，2017（1）：28-41.

[14] 方华，李同瑜．产业经济学的理论地位与应用性质[J].时代金融，2016（10）：249，251.

[15] 王远东．产业经济学理论与流派及其在我国的发展研究[J].财经界，2015（17）：34.

[16] 张一帆，刘梦辰，马峰跃．京张冬奥会影响下我国滑雪产业的现状分析[J].南方农机，2018（8）：220.

[17] 周文静．基于钻石模型的滑雪产业核心竞争力评价研究[J].江汉大学学报（自然科学版），2018（4）：379-384.

[18] 年炜．国外滑雪产业发展研究[J].中国高新技术企业，2017（7）：1-2.

[19] 马雪茹，游雪莹，史东燕．天津市推动滑雪产业发展的SWOT分析[J].当代体育科技，2018（1）：232-233.

[20] 伊诺，陶永纯，邱招义．欧洲早期滑雪运动发展社会动因及对我国的启示[J].北京体育大学学报，2017（9）：9-15.

[21] 王兵，李岳．西北地区滑雪旅游市场发展营销策略[J].中国商贸，2010（10）：140-141.

[22] 牟健，周振国．东北三省滑雪产业可持续发展水平的实证研究[J].吉林体育学院学报，2018（5）：64-69.

[23] 李欣．我国滑雪运动三大核心区域可持续发展研究[J].北京体育大学学报，2017（10）：9-16.

[24] 王群．滑雪场生态环境保护浅析[J].河北企业，2016（5）：57-58.

[25] 马忠权，刘松，张成刚等．黑龙江省雪上运动资源与环境的可持续发展研究[J].冰雪运动，2013（4）：79-85.

[26] 桑云鹏．辽宁省高校冰雪运动文化推广的策略研究[J].湖北体育科技，2018（3）：263-265.

[27] 陈炳昊．北京冬奥会对我国冰雪运动发展溢出效应分析[J].当代体育科技，2018（4）：214-215.

[28] 伊晓彤，孙鸣浩．冬奥会背景下冰雪运动进校园的传播策略研究[J].冰雪运动，2017（5）：67-70.

[29] 姬忠飞，孙月．冬奥会背景下冰雪运动进校园策略之研究[J].湖北体育科技，2017（12）：1106-1108.

[30] 刘大鹏，王海，唐云松．文化自信视域下我国滑雪运动发展历史及其文化传承[J].冰雪运动，2018（2）：75-79.

[31] 王燕．滑雪运动文化的生发与迁移研究[J].浙江体育科学，2016（2）：28-31.